50句打動人心的箴言

陳美齡 著
AGNES CHAN

陳怡萍 譯

前言

我的編輯來問我：「要不要把你喜歡的箴言記下來，寫一本書？」

當初我有些猶豫。

「我有值得留給世人的箴言嗎？要是書的內容變成說教可不好……」我考慮了很久。

那時候，我猛然回想起父親曾說過的一句話：

「迷茫的時候，選擇最難走的那條路。」

因此，我當機立斷，向編輯表示：「好的，我願意寫這本書。」

語言是什麼？文字又是什麼？

文字是將人的想法變成符號，留給不在現場的人們的通訊工具。

文字中凝結了人的思考，逐漸演變為知識、藝術和歷史。人類就是這樣，以人人相傳的方式儲存知識，一步步進化到現今。

在我的人生裡，我接觸到很多人，也儲備了和他們一起的回憶。從交流中，不但吸收了他們的創意和知識，也領悟到很多真理。我從其中選取了最打動人心的箴言，寫進這本書裡。

聽取別人的話，等同於接受對方心中所想。慢慢地，這些話語就會變成自身的一部分，不知不覺身體力行，傳遞給其他人。

開始撰寫這本書的時候，我回憶了在我人生中遇見的人們。每個人說過的話，從各種相遇中的所悟所想，像走馬燈一樣在我腦中轉動。

這本書裡的每一句話，都反映了某個人的核心精神、靈魂深處的感受。

蘇丹的童兵，烏克蘭的兒童，我的父母、前輩、後輩……這本書聚集了我與數不清的人們的回憶。

每個人的精神都變成了我的精神，我再將它們變成文字。

現在，也請您將這些靈魂的箴言放在您內心的小角落吧。

可能有一天，也許某句話會給您乃至其他人安慰、鼓勵和幫助。

超越時間、空間、次元的交流，真的很神奇，我很感恩。

如果本書裡的箴言能打動大家的心，令大家心緒平穩，於我就是無上榮幸。

目錄

第七章　創造羈絆的6句箴言

第八章　使自己變幸福的6句箴言

第九章　致未來生命的6句箴言

第一章

父母的4句箴言

父母的話如同沙漠中的泉水、黑暗中的光亮、人生中的燈塔，是守護我的魔法棒。

1. 迷茫的時候，選擇最難走的那條路 ｜ 2. 受到欺凌、被人背叛的時候，祝福對方幸福｜ 3. 名利如流水，總有一天會被人奪去；而掌握的知識會跟隨你一生，誰也奪不走 ｜ 4. 打鐵還需本身硬 ｜

1 迷茫的時候，選擇最難走的那條路

我二十一歲的時候，父親因為膽結石的手術，去世了。

父親是一個寬容溫和的人，給予我無條件的愛。

年輕時他經歷了戰爭，曾經過得非常艱苦，都拚命挺過來了，可惜最後卻沒能見到我穿婚紗的樣子，便離開了人世。

當時我已經成為歌手，開始工作，但是在父親的建議下，選擇暫時休養一陣子，前往加拿大留學。父親就是在我留學期間離世的。

葬禮結束後，風水先生說，只有和父親生辰八字最合的孩子才能出席最後的儀式。

算出來是我和我弟弟。

蓋棺入土的那一瞬間，我因為實在太悲傷，一邊握緊弟弟的手，一邊嚎啕大哭。

我再也見不到父親了，心裡就像開了一個大洞。那段時間裡，我什麼也做不了，像幽靈一樣虛度光陰。

後來我想到，為了好好照顧在世的母親，也為了兄弟姐妹，我必須振作起來。為了填補內心的空洞，我要努力回憶起父親告訴過我的那些話。

寡言少語的父親曾經認真地教給我三句話。

這兩句話已經變成我的座右銘，成為我人生的支柱。

小時候面對任何事情，我都比較膽小。

沒有自信，也十分害羞。

無論要做什麼都很猶豫，容易陷入迷茫。

父親看穿了我的性格，但他不會對我說：「你就去做做看。」而是這樣說：

「放棄是很簡單的，選擇做就會很辛苦。那你是做還是不做？」

「迷茫的時候，選擇最難走的那條路。」

「如果選擇難走的道路，就算失敗也能學到很多東西。要是成功了，那就更加開心。」

「要是不做，也不會得到多少開心，說不定還會後悔。」

當時我覺得，最難走的路肯定也更辛苦，所以不想去走。

而父親告訴我：「那你去走走看，一定能弄清楚。」

自那以後，每次要做選擇，我都會想起這句話，然後做出決定。

最愛的父親的教誨，是我的寶物。

無論大事還是小事，只要回憶起這句話，我心中的選擇就會清晰起來。

例如我在想：「今天好睏，不想刷牙了。」簡單的那條路就是選擇直接睡覺；困難的那條路則是咬咬牙，堅持把牙刷好。

我相信父親教我的，選擇困難的道路，也就是選擇去刷牙，每次心情都會變好。我會對自己的行動感到自豪，想要小小地自我誇獎：「你很努力啦。」

有時候也需要做重大的決斷。
比如決定去不去留學，念史丹福大學的博士生課程。
當時我已經通過了入學考試，也剛好確認懷孕了。
一般來講，我會覺得應該放棄留學。
但是，我的腦海中浮現出了父親的話：「選擇難走的路」。
於是心想：「就算懷孕，我也能做到……」雖然知道會很辛苦，但還是決定挑戰一下。

當完成這件事的時候，收穫的滿足感簡直太棒了。
我在一九八九年留學，一九九四年取得了博士學位。期間生了二兒子，帶了兩個兒子。
邊育兒邊留學的經歷，給我帶來了巨大的自信心。我認為當初選擇了最難走的路，真是太好了。

我想，如果當初放棄留學，肯定每次見到二兒子，我都會抱怨：「如果沒有懷孕，說不定我就是博士了。」

我絕對不想這樣。我不想怪在別人頭上。如果有無論如何都想去做的事，如果那是會讓自己開心的、能夠提高自己的話，即便會很辛苦，我也覺得應該挑戰。

人生就是要不斷做出選擇。如果做出明智的選擇，人生就會更加光明，有所滿足。

如果一直做出不好的選擇，人生就會貧乏無趣，灰暗不已。

而且，做出選擇的是你自己。

迷茫的時候，選擇最難走的那條路吧。我想這樣，人生一定會變得更有意義。

2

受到欺凌、被人背叛的時候，祝福對方幸福

我從父親那裡聽過最難實行的一句話，就是「受到欺凌、被人背叛的時候，那就祝福對方幸福吧」。

一般來說，要是被人欺負了，肯定會不甘心，如果可以的話，就會想反擊。

可是，父親竟然讓我去祝福對方幸福，我想怎麼可能做到呢？

我問父親：「明明那麼可恨，為什麼要祝對方幸福？」

父親告訴我：「一個人之所以會欺負別人，是因為這個人自己的人生很不幸，內心狹隘。如果這個人變得幸福，有許多其他的開心事，就沒空欺負人了。」

這樣一解釋，我想我就理解了。

但是，年輕的時候，我怎麼也做不到。

即使告訴自己不用還擊，我還是會流淚，非常不甘心。

後來讀了大學，開始學習心理學，我才慢慢懂得父親說的話。

自我肯定感低的人，為了獲得優越感和快感，就會去欺負別人。但是，那種優越感只能維持一時，所以他們就要一直欺負人來持續得到快感。

這樣的行為不斷重複，欺凌行為也會越發升級到嚴重的程度。

然而，如果欺負別人的人，在他的人生中因為什麼契機而感到滿足，能夠喜歡並接受自己的話，那就沒有必要通過欺負別人來獲取快感了，可以更加積極地生活下去。

所以，我父親所說的「祝福欺凌者幸福」是正確的。

想要從根本上治癒欺負人的孩子，只能用愛融化其冰冷的內心。這件事如果你能做到當然很好，但是如果你做不到，那就只能「祝福」對方了。

雖然這並不是積極的解決方法，但我覺得父親說得很有道理。

在我的人生中，我也被人攻擊、誹謗過。

一次是關於女性結婚生子後應否繼續工作的「美齡論爭」，還有一次是我支持日本推行《兒童色情、兒童賣淫禁止法案》的時候。

美齡論爭過後不久，社會風氣發生了變化。曾經與我爭辯的對手，大家都相安無事，也能認可我的行動了。

因為我反對兒童色情，成了許多御宅族的敵人，至今他們都在和我作對。

而且，因為我是中國人，也在網絡上受到右翼的攻擊。

要是遇到過分的威脅和中傷行為，我就交給律師來處理。

而我每天還是在祝福對方幸福。

我也曾遭人背叛過好幾次。

一般能忍則忍，我不會多追究。

我姐姐經常批評我，說我懦弱。

但是，正如父親說過的，難道把對方擊垮就是最好的結果嗎？

我覺得如果留給對方一個改過自新的機會，自己也會輕鬆一些。

我姐姐說：「本性不改的人以後還是會犯錯。」

這句話說得沒錯。我也認為，根據時機和場合，給予適當的懲罰也是一種溫和的處理方式。

但是，就算是這樣，我也想要一邊祝福對方幸福一邊去做。

我在工作上曾經遇到過對方暫時付不了演出費的情況。

我當然可以提起訴訟，把對方告到破產，可是我選擇了另一條路，告訴對方：「你之後再付給我就行了。」

同時，我在心裡祝福：「希望你重新振作，事業恢復正常。」

不知是不是我的祝福奏效了，對方幾年後重整公司，並且繼續定期找我合作。

當然了，之前滯納的演出費也都還清了。

雖然多少會產生損失，但我認為，有一顆祝福對方幸福的心非常重要。

3

名利如流水，總有一天會被人奪去；而掌握的知識會跟隨你一生，誰也奪不走

我十四歲在香港出道，突然成為偶像歌手。十七歲來到日本，有幸成為大熱歌手。每天我都非常忙碌，無法正常吃飯睡覺，不停地工作。當時我在日本的工作基本上連續不停，回到家鄉之後，更是加倍忙碌。

父親看到我這樣，非常生氣。

「再這樣下去，你就會失去自我了。我勸你去加拿大留學，那裡誰都不認識你，可以讓頭腦冷靜一下。」

父親是在我二十歲時說出這番話的。

那時我的演藝事業幾乎到達了頂峰，所以關於這個提議，周圍人非常反對。

於是，父親說過的另一句話又回蕩在耳邊。

「名利如流水，總有一天會被人奪去；而進了腦袋的知識會跟隨你一生，誰也奪不走。」

他還對我說：「在能夠學習的時候，就要懷著感恩的心去學習。」

那時，我的心被這句話打動了。

我相信父親的這句話的確是真理，於是暫別演藝圈，前往加拿大留學。

回頭看這個決定，我也深切感到對我人生來說，這是一個很大的轉折點。

如果那時我繼續留在演藝圈，可能就沒有現在的陳美齡了。

獲得知識的快樂和重要性，我就是從這句話中明白的。

後來，我一路讀完大學，繼續進修、讀博士，開始做一些演藝圈之外的工作。當我進一步擴大工作範圍，從事社會活動的時候，因為有學位，得到了周圍人的信賴。

隨著年齡增長，我逐漸擁有了屬於自己的世界。

多虧了父親，給我種下了一顆好學的心，如今我也非常喜歡學習。每次掌握新知時的雀躍激動，都令我享受其中。

如果那時我選擇繼續在演藝圈工作，說不定就把自己累垮了。

想要長久快樂地生活，就不能執著於金錢和名聲，而應該追求能夠裝進頭腦的知識。那才是一生的寶藏。

4 打鐵還需本身硬

我母親也和我父親一樣，教給我不少人生的道理。

母親帶大了六個孩子。她辛苦的背影讓我明白人應該怎樣生存。

母親經常說到一句話：「打鐵還需本身硬。」

意思是如果要打鐵，原材料必須有足夠的硬度。

也就是說，一個人無論要做什麼事，都需要具備足夠的實力。

母親說，不要靠他人的力量或者什麼小手段獲得事物，最重要的是鍛煉並掌握自己的實力。

母親所指的實力絕不是學習能力、身體力量那些方面。

例如，她的大女兒長得可愛，這也是一種實力。我大姐因此成

九次懷胎，養大了我們六個孩子的母親，我對她再怎麼盡孝也不會嫌多。

了演員。

母親二女兒頭腦聰明，大家都說可以做醫生。結果我二姐真的成了醫生。

我的「實力」隱藏起來的時間比較長，但是母親發現我唱歌唱得不錯之後，一直確信這就是我的「實力」。

母親總是強調：「不要依賴別人，不要過於相信別人，你只要讓自己變強。」

她還說過：「這個社會很冷

漠，如果你不強大，就會生存不下去。」

對於母親的意見，我並不是完全同意。

自身的強大當然重要，但如果沒有周圍人的幫助和支持，也很難取得大的成功。

不過，話說回來，如果一個人沒有實力，也不可能有所發展。某種意義上講，找到自己的「長處」，這一點非常重要。然後，是否能把長處變成自己的實力，這就看個人努力了。

我母親不會輕易誇獎我們，總是會反問：「這樣你就滿足了嗎？」以這種態度和我們交流。

以前我常常想，要是母親多誇誇我就好了。但又覺得總是如此嚴格要求我們的母親很厲害，對她敬佩不已。

「不要老是自我滿足，應該要變成更堅硬的鋼鐵。」我想，正是母親的這份嚴厲，激勵著我們兄弟姐妹不斷努力。

找出自己的長處，然後不斷磨煉——對於教導我這一點的重要性的母親，我很感謝她。

第二章

重視自我的5句箴言

只有認同自我價值，才能明白別人的價值。

5. 愛自己：接受自己好與不好的地方，不要懷疑自己的生存價值 ｜ 6. 忘我投入：找到喜愛得忘我的事物，能獲得真正的幸福｜ 7. 不要和別人比較 ｜ 8. 跨越人生中的身份認同危機 ｜9. 我不在任何人之上，也不在任何人之下 ｜

5

愛自己：接受自己好與不好的地方，不要懷疑自己的生存價值

「愛自己」這個說法，感覺有點負面意味。

當一個人被別人評價為「非常愛自己」的時候，相當於別人覺得那個人很自戀，太愛自己了。

但是，愛自己是件非常重要的事。

無法愛自己的人，也很難去愛別人。

只有認可自我的人，才會去認可別人。

接受自己，不討厭自己，這是幸福人生的基本要素。

確實會有那種過度地只愛自己的人。性格任性，想要別人認為自己比其他人都優秀，順從這樣的欲望去設計自己的人生。

這看上去是自信心過剩的表現，實際上它是自卑的另一面。

通過別人的評價來衡量自己的價值，這是非常危險的思維方式。

一個人無論多麼成功，肯定有比他更加成功的人。

一個人無論多麼漂亮，一定有比她更漂亮的人。

只要一和人比較，就無休無止。

這樣一來，你永遠得不到滿足，會一直被「低人一等」的感覺折磨。

有時候，為了獲得優越感和快感，一個人會欺負別人、口出惡言和做出殘酷的行為。

可是那種快感並不持久，於是這個人就會繼續做出同樣的行動，甚至不斷升級，最後變得越來越討人厭。

嫉妒、歧視別人，把寶貴的時間都浪費了。

而且，為了正當化自己，還會責怪別人，徒增後悔。這樣就離幸福之路越發遙遠。

等這個人回過神來，就會發現自己總是感到不滿，無法誠實地承認別人很幸福，還會讓周圍人擔心。

在你周圍有這樣的人嗎？

你不想變成這種人吧？

那麼，你就需要適當地、公平地愛自己。

那就意味著要認同自己，對自己的生存價值無所懷疑。

你不在任何人之上，也不在任何人之下。

人人生來平等，要從心底認可重要的生命。

不和別人比較，盡自己最大努力過好每一天。

為別人和自己的幸福而喜悅，擁有一顆能夠分擔他人悲傷的寬容之心。

不嫉妒、不歧視別人，就能安穩度過每一天。

在心理學上，這叫作「自我肯定感」。

很遺憾，大多數亞洲人的自我肯定感都比較低，許多人都做不到愛自己。

實際上，「喜歡自己」是需要勇氣的。「要謙虛」，「不要自滿」，小時候經常聽到這樣的話。社會上也有一種氛圍，認為那些自信滿滿、似乎很開心的人看上去有些「輕浮」。

所以，亞洲人從小就學會了不要引人注目，要保持低調，覺得這樣更安全。

而且我發現在亞洲，那些經常被拿來和別人比較，總被灌輸要樹立遠大目標的人，他們在如此高壓下更能得到成長。

在歐美國家，父母會把孩子看成是獨立的個體，從小就尊重孩子。由於亞洲國家沒有這樣的文化，亞洲人從小就很難明白自我價值所在。

尤其因為許多父母對孩子的愛帶有附加條件，認為自己的小孩如果不是「乖乖的」、「學習好」、「可愛的」，就沒有什麼價值。

一旦有了這種自卑感，哪怕成人之後，也難以消除。

許多人在戀愛的時候，被對方表白「我很喜歡你」，突然被人認可了自己的存在價值，人生或許會發生改變。

但是，有些人遇不到這樣的對象，就會一直帶著自卑感度過餘生。

因此，我想奉勸各位的是，要「認可自己」、「愛自己」。

關於這兩點，我也每天都在實踐，經常自言自語：「美齡，你是一個有價值的人。」「美齡，你已經很努力了。」「美齡，我很喜歡你。」

要好好對待自己，這一點非常重要。

一個人並不是肯定會被別人愛護，但自己愛自己是絕對可以做到的事情。

沒錯，現在立馬就能做到。接著，慢慢地，周圍人也會來愛你。

可是第一步，還是要愛自己。

6

忘我投入：找到喜愛得忘我的事物，能獲得真正的幸福

擁有癡迷到忘我的事物的人，我想都是幸福的。

當然，賭博、濫藥等有害的行為另當別論。

但是，如果一個人在做某件事情的時候，會忘記時間、忘記吃飯，甚至連自己都忘了的話，這樣的人生肯定不會無聊。

我很羨慕這種人。

有時候，我也會進入這樣的狀態。

第一次是在初中，參加義工活動的時候。

那時我的自我意識特別強，正處於缺乏自我肯定的青春期。我不喜歡和別人交往，非常害羞，所以很討厭這樣的自己。也沒有什麼朋友，和不認識的人更不會搭話了，總之是個存在感很弱的內向孩子。

當時我的目標就是最好誰也不要注意到我，盡可能不和任何人有瓜葛。

然而，因為一個機緣，我徹底改變了。

上了初中以後，我參加了義工活動。

在活動上遇到的孩子們，他們的生活都非常艱苦。

有人身體殘障，比如眼睛看不見；或者是沒有父母的孤兒、難民的孩子；還有癌症晚期患者……

對幼小的我而言簡直無法想像……那些孩子在那麼艱難的情況下努力生存著。

怎樣才能讓這些孩子恢復笑容呢？我絞盡腦汁，做了各種形式的活動。

例如，玩故事接龍，每週和他們聊天、教他們唱歌，在學校裡演唱籌集食物……

那時候腦子裡總想著這些孩子。

想要參與義工活動，成績必須達到一定程度，所以學習方面我也努力了一把。

結果，等我反應過來，發現原先內向的自己會主動和別人交流了，能在孩子們面前笑著聊天，也能在學校裡當著一大群人唱歌。

那個自我意識過剩的自己，不知不覺間消失了。

是這些孩子給予我「忘我」的力量。

沒錯，這就是我的「忘我投入」初體驗。

我終於體會到，原來忘我地投入的感覺這麼棒啊！

為了自己而活著，總有極限。但是，如果拿自己的時間去幫助別人，努力讓別人變得幸福的話，就會感受到一種「我活著」的至高體驗。

讓我懂得這種喜悅的，就是我在初中義工活動中遇到的孩子們。

一個人為自己而活是自然之事，可是按照我的經驗，篤信於此的人通常警戒心強，自我意識過剩。我覺得這樣的人生會很辛苦。

而以讓別人開心為目標的人們，看上去就很快樂。

無論是為了自己的家人、朋友，還是同事、客戶，總是給他人帶來笑容的人，自己也會笑口常開。

我也想選擇這樣的活法。

我想要忘我投入地為了別人而活著。

忘了自己的存在，優先為別人採取行動的時候，最能發揮生而為人的作用。

隨之而來收穫的喜悅，也是無與倫比的。

7 不要和別人比較

對於向我請教育兒建議的家長，我首先會對他們說：「不要拿自己的孩子和別人家的孩子比較。」

拿孩子來比較，孩子的自我肯定感就會變低。

要全盤接受孩子，認可孩子，這樣才能和孩子真正站在一起。

但是，我們所在的社會，人們每天都在互相比較。

學校裡比成績，體育課上比誰跑得快、哪個項目更擅長。

親戚之間比誰家孩子長得高，長得更可愛或好看。

朋友之間比較誰胖了，誰更受歡迎。

哪怕孩子成人了，在職場上也會互相比較。

在競爭激烈的社會裡，想要保持自我肯定，尤其困難。

日本的年輕人常常被指自我肯定感特別低。

原因到底是年輕人被父母和社會給予厚望，卻無法達成目標，還是由於比較文化，令他們總是感到沮喪崩潰？

自我肯定感高的人不會在意他人的目光，而是專注於茁壯成長。

這樣的人即使看到別人做得很好，也對自己的價值認知沒有影響，因此能夠謙虛地向別人請教。

他們能保持一顆平常心，發展自己的長處。

但是，如果自我肯定感低，一個人就會變得沒有自信，無論做什麼事都很膽怯。

甚至還會羨慕、嫉妒別人。

其中有些人為了提高自我肯定感、為了得到優越感，甚至會欺負別人。

他們過於在意他人的看法，無法集中精力發展自己。

因此，父母要讓孩子理解「做你自己就好」。這一點很重要。

如果連父母也責怪孩子：「那個人做得到，你為什麼不行？」孩子就會覺得自己無容身之地了。

許多孩子都是這樣被養育長大的。

要尋回自我肯定感並不容易，但也不是做不到。

只要不和別人比較就可以了。

別人是別人，自己是自己。

如果一定要和什麼做比較的話，那就和自己比吧。

今天的自己比起昨天，有沒有變成一個更好的人呢？

想要讓明天的自己也變得比今天好，今天我能做些什麼？

和自己比較是一種積極的行動，它可以不斷提高自己。

朋友說：「說起來容易，做起來難啊。」

隨便翻一翻雜誌，她都會不自覺地拿自己和模特兒做比較：「想要再瘦一點。想要去掉皺紋。想要美白一下牙齒。」

即便我對她說：「你已經足夠有魅力了啊。」她也不會相信。因為對自己的容貌不滿意，朋友總是反覆地節食減肥，還做了好幾次整形。

即使這樣，她依舊不滿意。由於反覆整形，甚至都毀容了。

結果實在令人痛心。

我在內地辦新書簽售會的時候，一位母親哭著對我說：「我總是叫女兒學習、學習，後來她高考落榜就離家出走了，到現在都不肯見我。因為我侄子進了好大學，所以我就想讓自己的女兒也一定要考上。」

我問她：「就算你女兒沒上大學，你還是愛她的吧？」她回答：「當然愛。」

我又問：「那你有沒有對女兒說過『我愛你』這樣的話？」這位母親睜大眼睛回答：「沒說過……」

「一次都沒說過嗎？」

「是的……我一次也沒說過。」

於是，我給她建議：「孩子無論長到多少歲，都希望被父母愛著，得到父母的認可。請不要再拿女兒和其他人比較了。今天就去到女兒家裡，對她說『我愛你』吧。這句話什麼時候說都不晚。」

這位母親有些懷疑地說：「我不知道自己說不說得出口。」

我就鼓勵她：「為了女兒，請一定要和她說『我愛你』。」

過了幾天，這位母親聯繫我報告近況：「我按照美齡老師建議的，和我女兒說了『我愛你』。我還跟她道歉，跟她講不應該拿她和別人做比較。現在她已經回家了。」

不要和別人比較。人人生來平等，大家的生命同等重要。請各位不要忘記這一點。

8 跨越人生中的身份認同危機

我們想要確認自己的樣子時，會照照鏡子。

可是，鏡子裡只會映照出自己的正面。

為了更準確地確認，我們可能會用上三面鏡。即便如此，要看清我們真實的樣子還是很難。

其實，或許我們只能看到自己的一面而已。

不僅是外表，而且包括我們的內在，也有極大可能無法看清。

我們對自己的看法，會影響自己的人生。

為了全方位地瞭解自己，需要知道其他人對自己的意見和看法。

如果你身邊有能夠信賴的夥伴，或是洞察力強的前輩、後輩，不妨聽聽他們的意見。

如果你周圍沒有這樣的人，那麼想要全方位地瞭解自己就比較困難了。

瞭解自己，就是確認自我身份。

「我是誰？」「我為什麼在這裡？」「我要去哪裡？」回答這三個問題，進行自我確認。通過理解自己的根源、自己的現狀和自己的夢想、目標，我們才能全方位地確認自我。

人生中有三大身份認同危機的時刻。

青春期，結婚或開始工作，以及退休或孩子們離家獨立時。

每次遇到身份認同危機，我們都會懷疑自己的價值，對於自己的結論是否正確而感到不安，還會迷失目標。

通過跨越一個又一個身份認同危機，才能讓自己過上忠實於自我的人生。

青春期是孩子和大人的過渡階段，處於這一時期的人，由於身體變化和激素增長，精神上會變得不太穩定。

最近有種說法，認為哪怕是自己的性別，也不是由身體構造決定的。

是男人，是女人，還是男女都算……如果心理和身體不一致，自己尤其感到痛苦。

青春期也是要考慮未來的時期，所以在這個危機階段會出現很多煩惱。

因為激素水平變化，孩子在這一時期會反抗父母，和父母吵架，情緒就會變得更加不穩定。

因此，父母應該趁自己的孩子還沒有進入青春期以前，就告訴他們這一階段會發生怎樣的狀況。

人受激素變化影響，精神和身體上的壓力都會增加——事先告知孩子這些事實。

如果孩子做好了迎接青春期危機的心理準備，就能比較輕鬆地跨越過去。

父母給孩子遞上三面鏡，這一點很重要。想要讓孩子充分理解自己所說的，需要父母平時就和孩子好好相處。

父母和孩子之間的相處，要保持一種容易溝通的良好氛圍，比如聊聊心理問題、身體變化等。這一點也很重要。

只要平安跨越青春期，孩子就能穩定下來，一步步長大成人。

孩子從小長到青春期，相當於來到育兒的頂點。過了青春期，就可以像和成人相處一樣來對待孩子了。

接下來的身份認同危機，是開始工作或結婚。

面臨將對人生產生重大影響的決斷，任誰都會煩惱。

以前，人們不太會離婚和頻繁換工作，但是最近，這兩件事已經變得不稀奇了。

年輕人發覺自己從事了「錯誤」的職業，就會辭職去找別的工作，似乎是理所當然。

可是，我認為這種「因為不喜歡就辭職」的工作態度並不可取，這樣並不能創造出令自己滿意的職業生涯。

因此，慎重地確認自己到底想做什麼，這一點很重要。

結婚就和找工作一樣，選擇對象的時候不僅要看感情，而且應該思考自己真正想要的未來圖景是怎樣的。

最近離婚的年輕人也非常多，他們可能覺得哪怕失敗了，還有下一次機會。

可是，對於有孩子的家庭，離婚對孩子的影響非常大。所以一開始找結婚對象，就要看清對方和自己的性格是否合拍，這才是明智之舉。

第三次身份認同危機，是退休或者孩子離家獨立生活之後。

如何度過自己的「第二人生」？當一個人失去為了公司、為了孩子這兩大目標的時候，餘生該為誰而活？

很明顯，正確答案就是「為自己而活」。但是，許多母親一心放在丈夫和孩子身上，你突然問她「你是誰」、「想幹什麼」，她都不知道怎麼辦了，陷入了所謂的「空窗期」。

為了使人生更加完整，希望各位母親在育兒結束之後也過得無比充實。

因此，需要重新尋找自我。

還有想做的事情嗎？離世前還想去哪裡？有沒有想見的人？建議大家把想做的事情列個清單。

無論是遠大的夢想還是小小的目標都行。只要有一張清單，就等於有了目標。

也許清單上的目標無法全部實現，但如果一個人沒有夢想，每天都會過得非常單調。

在國外，人們把這樣的清單叫作「遺願清單」（bucket list）。

這個說法的由來有些恐怖。Bucket的直譯是「水桶」，說是人在上吊的時候，一般會站在水桶上，等做好了赴死的準備，就會踢掉水桶，讓自己的脖子被吊住。

這個說法的意思，就是指一個人如果把死前想做的事情全部做過了，就會踢掉水桶，奔赴彼岸。

我也在羅列遺願清單，這個過程其實相當快樂。

請大家也試著在踢掉自己的水桶前，把自己想做的事情列一份清單。

9

我不在任何人之上，也不在任何人之下

我認為，作為一個人，絕不能自以為比其他人偉大。但是，也沒有必要覺得自己比其他人的價值低。人生來平等。

然而，回顧人類歷史，因為階級、身份等社會性原因而產生的差距，不平等的證據數不勝數。

因人種不同而造成的歧視，至今仍根深蒂固。性別歧視方面，最近不再僅限於男女，對 LGBTQ 的歧視也引起了人們的關注。

經濟差距產生的歧視，也在世界各國變得越發嚴重。

年齡歧視最近也很顯著。有些人冷漠對待老年人，有些人嫌棄孩子。

另外，還有因體型和容貌受到差別待遇的人。

據稱，造成以上歧視的原因有這樣幾種。

第一，一個人因為無法理解對方，因無知而產生誤解，所以才會歧視。

第二，一個人雖然能夠理解對方，但因為不喜歡而產生歧視。

第三，一個人覺得對方的存在會給自己帶來不利，所以有意地進行歧視。

第四，也是更加惡性的原因，那就是一個人通過壓制對方來榨取利益。

無論出於哪個原因，都是沒有道理的。然而世上就是存在歧視，許多人因為受到歧視而變成了弱勢群體，被迫過上艱辛的生活。

哪怕是覺得自己絕對不會歧視別人的人，很多時候也會在不知不覺間，做出歧視別人的行為。

例如，有的人會說「女人方向感都不太好吧」、「女人理科成績都比較差」。

不是所有女人都是路癡、理科成績都差。這是刻板觀念，並且陷入了「從上向下俯視的態度」。

就像我有個朋友對我說：「我有不少外國朋友，他們絕對沒有種族歧視。話說回來，之前有人居然問我是不是韓國人，真是沒禮貌啊。」

她自己可能沒有意識到，這句話已經是下意識的種族歧視了。

再比如有人說：「美國的食物熱量都很高，所以胖人才那麼多啊。日本料理就很不錯，又健康。」這樣的發言，不僅蔑視了某個特定國家的飲食文化，而且還對肥胖人士帶有負面評價，也是一種歧視。

很多情況下，我們會在無意識中被固有觀念所束縛，想法帶有優越感。

但是，歧視別人的人一定也會被別人歧視。不光是自己，自己的民族、孩子也會遭受如此待遇。所以有一點很重要，那就是我們要抱著「我不在任何人之上，也不在任何人之下」的想法。

人人平等，所有人都有自尊心。

史丹福大學教育系的博士課程裡，設有道德準則的必修課。課上講到關於歧視的內容時，我被教授指出自己忽視了歧視構成的問題。

那天的課，以黑人和白人學生舉行模擬座談會的形式開始。教授說：「現在開始舉行模擬座談會，請大家注意接下來出現了哪些歧視的言行。」

模擬座談會開場十五分鐘後，教授突然指著我問：「你有發現什麼歧視行為嗎？」

我嚇了一跳，回答：「我沒發現什麼特別的。」然後其他同學刷的一下舉起手，陸續開始發言。

問題好像是出在白人主持人身上。

同學們提到：「黑人女性在發言的時候被打斷了。」「主持人優先讓白人講話。」

這麼說來，似乎確實如此。

老師說：「平時生活中如果不去注意，根本不會發現社會上實際存在那麼多難以察覺的歧視。與教育有關的人士尤其要看穿歧視現象，進行改正。」

這句話令我茅塞頓開。

以這樣的眼光看待周圍的話，就會開始發現，來自少數群體和女性的發言，在許多場合都少之又少。

比如在普通的聚會上，丈夫在說話的時候，妻子通常都會保持沉默。

很多情況是女性沒有被點名，就默認不能說話。

這種習慣不僅在日本存在，在亞洲國家都很普遍。

在這樣的風俗中，女性會漸漸失去主動發言的能力，無法參加重要的討論活動。

為了男女平等，使全世界都有更廣闊的發展，平常大家一定要平等地交換意見。

在美國，關於種族問題發生了很多性命攸關的事件。

因為在美國持有槍械是合法的，警察對黑人的警戒心特別強，有時會採取過分暴力的方式拘捕黑人。不少黑人在這種情況下殞命。最近，警察執行公務時會在身上佩戴攝像鏡頭，所以許多類似事件被公之於眾，進而引起民眾抗議遊行。

這背後有一段悲痛的歷史：很多黑人的祖先被強行從非洲大陸運往美國，成為奴隸。

由於長年被歧視、被差別對待，黑人想要在社會上立足、出人頭地，難度非常高。

最近，由於反華風潮的政權導向，亞洲人受到暴力對待的事件也層出不窮。

更甚者，因為政治觀念不同，朋友、親戚之間也會發生爭吵。

美國本土的分裂勢頭越發激烈。

全世界的資源一旦受限加劇，人們就會傾向變得保守。

也就是說，會產生所謂的「部落意識」，變得極端關注內部夥伴，一概不接受來自外部的人。

有時候一群人認為自己是受害者，進而攻擊他人，有時候則是抱著優越感，一道歧視別人……

我發現，如今整個地球似乎正在變成這樣的狀態。

正因為此，我希望每個人都以身作則，以平常心尊重所有人。

第三章

瞭解工作意義的6句箴言

工作俗稱幹活。「活」不只是「生活」，而是「快活」。

10. 不要考慮得失，要全力工作 ｜ 11. 敬業樂業 ｜ 12. 今天的努力將成為明天的實力 ｜ 13. 輕鬆不等於快樂 ｜14. 過於謙虛會吃虧 ｜15. 成功的秘訣在於時時做到萬事俱備 ｜

10

不要考慮得失，要全力工作

和許多年輕人聊天，我感覺其中有不少人非常在意得失。他們會發出這樣的抱怨：「我才領這點工資，工作到這個程度就行了。做得越多，虧得越多。」「只有我一個人幹活，其他人都在偷懶。那我努力也沒什麼好處啊。」「我的工作量又增加了……好討厭啊。」

對於成長在「有工作就應謝天謝地」的時代的我來說，不太能接受這樣的態度。

工作是在生活的基礎上進行學習，建立起事業的過程。

在取得一定程度的成功，能夠確定自我價值之前，要不顧一切地工作。我覺得這一點很重要。

如果過於在乎得失，就很有可能讓好不容易來臨的機會溜走。

將在職場上吸收到的知識有意識地為己所用，構建人際關係，提高自己作為社會人的信賴度，我認為這樣可以獲得比收入更加貴重的東西。

如果不想百分之百付出自己的勞動力，只想要輕輕鬆鬆地工作，那麼你在職場上的聲譽就會一落千丈。這樣的話，損失可大了。

要是你的聲譽良好，為大家所愛戴、尊敬的話，那麼你去哪裡都能找到工作。

我也經常告訴兒子們：「要讓別人覺得你們是勤勉的年輕人，做事努力，不要在意付出多少。所以，不管在哪裡，你們都要付出

120% 的努力去工作哦。」

我還跟他們說：「半途而廢最沒有意思了。既然要做，就要盡力做到最好。」

英文有句說話：「Anything worth doing, is worth doing good.」如果決定要做一件事，那這件事就值得你做到最好。不然的話，它就沒什麼樂趣了。

兒子們心裡一直緊記這些話。事實上，他們確實無論去哪裡，都非常努力。

大兒子在一開始加入的那家公司裡，風評非常好。後來他自己創業，與前公司的上司依然關係良好。

那位上司願意傾聽大兒子的煩惱，還對他說今後一定會支持他。

二兒子因為在第一家公司的聲譽很好，被另一家公司挖走，換了工作。

接著，他在第二家公司也口碑甚佳，又受到其他家的公司邀請，換到那邊去工作了。就這樣，二兒子不斷積累實績，得以在自己的職業生涯中繼續攀登。

小兒子就職之後，對公司有很大的貢獻。他不停工作，開始擁有了自己的研究室。

只要努力工作，就一定有所收穫。不要考慮得失，只要全力付出——這份精神對他們來說似乎非常奏效。

如今，他們三人在各自的職場上遊刃有餘，都覺得每天努力工作的日子非常棒。

當然，我覺得他們還很年輕，希望他們今後還能快快樂樂地工作下去。

小兒子曾經在大學時代利用寒假時間，去日資企業當過一陣子實習生。

當時沒有工資，只是以學習的目的進那家公司的。

但是，那家在人工智能和計算機編程領域上非常知名的公司，決定把相關的重要工作交給小兒子來做。

具體工作內容，是讓他設計出一款程序，來甄別出顧客名單中只寫片假名或只寫漢字的人，是不是同一個人。

這個工作相當複雜，光靠寒假時間是怎麼也完成不了的。

小兒子即使回到學校，也繼續完成這項作業。

我忍不住問他：「這樣沒關係嗎？他們都沒有給你錢，有必要這麼努力嗎？」

小兒子斬釘截鐵地回答：「我不在乎什麼得失，只想做到自己滿意為止。」

看起來，計較得失的就我一個人呀。

之後，那家企業也沒有對小兒子表示什麼特別的感謝，他只是努力做完了那件事。

但是，小兒子完全不在意，他只是滿足地享受過程。

我感到很自豪。我想，這段經歷一定會在他今後的人生中發揮作用。

11 敬業樂業

從大型製作公司獨立出來，我擁有了自己的公司，開始僱人了。於是，我見識到了各種人不同的工作方式。

有的人經常生病，動不動就休假；有的人不滿同事的工作方式，在背後說人壞話。

還有的人每份工作時間都不長，總是幹不久就辭職了；還有一些人雖然沒有辭職，但也不努力工作。有誠實的人，也有說謊的人……總是什麼樣的人都有。

即便如此，我還是很感謝那些在我這裡工作的人。

時間構成了人生。那些人將自己人生的一部分給予我們公司，我覺得這就促成了緣分。

我對自己的工作充滿敬意，認為開心工作就是最棒的工作方式。所以我十分尊敬「敬業樂業」的人。

在日本，有許多這樣的人。

例如，一個人專精於做拉麵，就全心投入其中。這樣的人看上去就很棒。

再例如，一家經營了好幾代的串燒店，每天都得花大量時間做醬汁，對於在燻煙中製作出最好吃的雞串燒充滿自豪。我也十分尊敬這樣的人。

我家附近有一位專門修鐘錶的職人。最近好像他的工作量驟減，可是他對自己的手藝很有自信。對於交到他手裡的每塊鐘錶，他都非常重視，小心修理。

我認為這位職人的工作態度非常棒。

可是，相反情況的人也有不少。

有一次，我從一名員工那裡聽到了令我震驚的一段話。

這名員工平時十分在意「得失」，對報酬斤斤計較，但他上班從沒有遲過到，工作起來也很認真。

某天，他突然對我說：「美齡女士，我無法跟您擁有同樣的夢想，但我就是想要工作下去。」

聽完我驚呆了。老實說，我當時還沒反應過來他是什麼意思。

因為我們從事藝術工作的人，工作就是「提供夢想」，如果工作夥伴沒有相同的信念，就會失去說服力。

我回答他：「那麼為了你自己，不如辭掉這份工作，去幹其他你喜歡的工作吧。」

但他表示不想辭職，堅稱：「這裡的收入不錯，在金錢方面我很滿意。社會上有很多人即使和老闆的目標不一致，還是會繼續工作。我這人很普通，為了養活老婆孩子，請讓我在這家公司工作吧。」

這名員工，言之鑿鑿地對我說，他就是為了錢，才想留在我們公司。

對於他如此「過於誠實」的宣言，我們都產生了大大的疑惑。由於每天我們都要在現場共事，今後我們要怎樣一起工作呢？我有點弄不明白了。

是該熱情以待嗎？該和他說些什麼？當時我真的很苦惱。

最終，由於他對其他員工也產生了影響，我們請他離職了。

我並不指望公司所有員工和我們擁有同樣的夢想，但像這樣說得一清二楚的，還是我頭一回碰到。

我覺得他的態度對公司和我來說都是不禮貌的。

但其實，我認為他對自己也不夠尊重。

因為一個人如果無法全心全意地工作，哪怕做出成績也不會感到高興，就算失敗也不會覺得遺憾。

以這種方式度過人生，我認為是對不起自己的。

與其做自己不喜歡的工作，不如進一步提高自己的實力，計劃跳槽更好。

確實如他所言，許多人就是為了生計而工作的。

但在我看來，對於支撐自己生活的工作懷有敬意，這是最基本的禮儀。

感謝自己的工作，然後盡最大努力作出貢獻，快樂地做事——

這是為了別人，也是為了自己。

想得到這份工作的人可能多的是。如果「只是為了錢而幹活」的話，就會阻礙到別人的人生。

後來這位員工去了其他製作公司工作。我不知道他是否和那家公司的理想一致，但我希望他至少能夠對自己的工作感到自豪，更不要去貶低周圍人的夢想。

如今社會上的失業人士非常多。為了向這些人表達敬意，請你在心中謹記敬業樂業，充滿自豪地工作吧。

12 今天的努力將成為明天的實力

我結婚生子之後，因為把寶寶帶到職場上，引發了「美齡論爭」。

一派的聲音在說：「職場是神聖之地，把孩子帶到職場的行為難以原諒」，「既然生了孩子，就應該辭掉工作」。

另一派提出：「請不要忘記工作的父母背後都有小孩子」，「要打造更方便女性工作的職場環境」。

總之，對於我的行動，社會上毀譽參半。

對於新手媽媽的我來說，覺得兩派都有一定道理。

但是，為了讓女性都能夠出來社會工作，我還是強烈認為，有必要建立對持家者更友善的職場。

那時我遇到了史丹福大學的邁拉教授（Prof. Myra Strober）。她在新聞報道中，知道了我因為帶孩子到職場而引起騷動，就通過我們共同的朋友，聯繫我說希望和我見面。

剛好那個時候我接受了加州大學的邀請前去演講，於是乎順道去會見了教授。

我們在史丹福大學的職員食堂見了面。

她對我說：「你應該學習性別社會學。這樣的話，對於為什麼會引起這種爭論、為了創建男女平等的社會需要做些什麼，你都會找到答案。」

接著，她又表示：「不如你來跟我念博士學位吧，積攢實力，今後為女性同胞努力，也為了使這場紛爭產生有用的意義。拿到博士學位之後，你說的話會變得更有力量。今天的努力將成為明天的實力。」

聽完後，我著實吃了一驚。原本想著只是來赴一場下午茶之約，卻突然被擺在了將會改變人生的巨大十字路口上。

想要取得博士學位，需要付出莫大的努力。我也清楚，這個決定會給許多人添麻煩。

未來難以想像，光是隨便一想都覺得可怕。

女性主義、性別社會學——掌握了這些知識，真的能提高實力嗎？說不定會更加惹人厭吧。

但是，邁拉教授那句「今天的努力將成為明天的實力」確實很有說服力。

當時的我能力不足。知識量不夠，經驗尚淺，所以正面迎戰的力量薄弱。

「總之，你可以先考慮參加入學考試看看。」在丈夫的建議下，我寫了論文，參加了考試，提交了申請書。

結果運氣不錯，考上了。可是那時正好懷上第二個孩子，我心想：「帶著大兒子，肚子裡面還有第二個孩子，看來還是上不了學啊。」

但邁拉教授說服了我。懷孕九個月的時候，我帶著快三歲的大兒子一起實踐了「帶孩子留學」的行動。

專攻教育學部博士課程的我，每天一邊帶孩子一邊顧學業，拚命努力。

我一九八九年入學，用兩年半時間讀完博士課程後，回到日本開始寫論文。

我帶著大兒子到史丹福大學讀博士，在學期間又誕下了二兒子，兼顧學業和育兒，努力奮鬥。

邊工作邊育兒，還要寫論文，實在太難了。

但我都咬牙堅持下來。

一九九四年，我的論文通過了評定，我順利取得了博士學位。

我真的相當努力啊。

那麼，我提高實力了嗎？

我認為在教育學和性別社會學方面的知識，我確實掌握了。

而且也學到了相關的研究方法。

但是，我提高最多的是「自信心」。

那種能說出「只要努力，就能成功」的信心。我覺得，這就是「實力」。

所謂實力，就是對自己的可能性和底氣一清二楚。

因此，努力具有非常高的價值。別人怎麼看自己當然重要，可最重要的是你怎麼看你自己。

獲得史丹福大學的博士學位，這個成就給了我巨大的鼓勵。

在那之後，為了給孩子和女性謀福利，我積極參加活動，在工作上也越來越有自信。眼前能預見到的未來圖景，發生了巨大改變。

今天在努力些什麼？這個問題的答案因人而異。

但是，努力一定會有回報。因此，當你覺得很辛苦的時候，就想一想：「這是為了明天擁有更多實力。」跨越眼前的困難吧。以後獲得的實力，會讓你的人生變得更加豐富。

13

輕鬆不等於快樂

在日語中，「輕鬆」和「快樂」用的是同一個漢字：「楽」。

但是，「輕鬆」和「快樂」不是一回事。

我的一個高中同學曾經對我說：「如果每天都過得很輕鬆，應該會很開心吧。」

我問她：「你說輕鬆，是指什麼事呢？」

她回答：「就是不用工作也可以生活。別人為你做家務，自己每天玩就可以了。這樣最輕鬆。」

她後來成了家庭主婦，如她以前所說的，過著輕鬆的生活。

可是，她發現她丈夫出軌了。因為覺得如果分手的話，她對未來沒有把握，所以就默許丈夫繼續出軌，每天都過得很難受。

之後，她在友人的建議下，到友人的公司去上班。

自從獨立出來，她下定決心離婚，帶著孩子開始了新的生活。

她神采奕奕地向我表示：「雖然現在的日子不輕鬆，但還是這樣開心多了。就像美齡你說的，『輕鬆』和『快樂』的意思是不一樣的啊。」

我也經常對兒子們說：「如果想要獲得幸福，你們應該追求的是『快樂』的人生，而不是『輕鬆』的人生。」

如果以「輕鬆」為目標，現在所有努力你都會覺得很辛苦。「總有一天會變輕鬆的，現在忍耐一下。」這樣的思想無法讓人享受當下。

這種想法，等於是在削減人生中讓自己感到快樂的時間。

如果以每天都有「快樂時光」為目的，就能想出一個個小目標。

例如，今天想要變快樂的話，做什麼比較好？

「去看朋友」，「整理房間」，「在咖啡館看書」，「和母親打電話」，像這樣定下馬上就能實現的目標。

通過完成這一個個小目標，快樂就會變得越來越多。

最終，人生就會產生許多成就感。

心理學家稱：「有目標的人生就是快樂人生。」

這句話不僅指那種宏大的人生目標，小目標也有同樣效果。

人類是傾向於行動的生物。一直靜止不動的話，身心都會出現問題。

也就是說，「輕鬆」地生活，這件事其實無法真正做到。

人在運動之後會感覺很爽快。動腦筋之後，腦中會分泌出感到快樂的荷爾蒙。

當然，如果擁有一個龐大的人生目標，就會更加有意義感，更快樂地活著。

但是，隨著年齡增長，孩子們陸續離家獨立，自己又退休了——許多人就此失去了人生中的重大目標。

到了這個階段，其實有一個使餘生快樂的秘訣。那就是再樹立起新的目標。

實際上，我自己心裡就有想做的事情，比如「吃遍天下的餃子」。

不僅是在日本，我想吃遍全世界的餃子。

現在我的工作忙，暫時實現不了，但光是想一想，我就很開心。

我會在網上收集餃子店的信息，然後在腦海中描繪出到處尋訪的地圖。

對別人來說，這也許是一個沒什麼意思的目標，但對我來說是一種非常大的樂趣。

對比較怕生的我來說，光是走進一家陌生的店，就不是一件「輕鬆」事了。可我覺得，那時我一定會很開心。

像這樣的「快樂」計劃，你也有嗎？

如果你還沒有，請一定試試在心中想一個出來。

你的心裡應該潛藏著什麼令你興奮不已的目標，只是你還沒發現而已。

如果你也想吃遍天下好吃的餃子，那就讓我們一起做夢吧！

14 過於謙虛會吃虧

經常有人對我說：「你長得好年輕啊。」「你本人比電視上看起來更可愛呢。」

每次聽到這樣的誇獎，我都覺得很不好意思，不知如何是好。

大家被人表揚的時候，會怎樣回應呢？

我的臉會變紅，一下子語塞。

我並不覺得自己看上去多年輕、多可愛，要是回一句「謝謝」，等於是認同自己又年輕又可愛，這樣會不會被人以為自己自命不凡？——每次我都考慮太多，無法平靜地接受別人的表揚。

所以我的回應方式是拚命擺手，然後回答：「沒有啦……」

幾年前，我姐姐看到我這樣的反應，提醒我道：「你還是說謝謝吧，不然會很失禮的。」

我是因為謙虛，所以承受不起別人的誇獎嗎？

還是說我在懷疑別人的誠意？

我是沒有自信嗎？還是說，只是因為難為情？

不管怎樣，對於對方表達的好意不說一句謝謝，確實很失禮。

別人好心好意來誇我，我怎麼可以懷疑呢？

即使對方是出於禮貌，那麼我正面接受它，也是一種禮貌。

而且，對方誇我也是希望我有一個好心情，如果我一臉不好意思，局促不安，就會使對方為難。

自從被姐姐「教育」以後，我只要被人誇獎了，就會立馬誠摯回覆：「謝謝你的讚賞和鼓勵。」

這樣一來，我自己開心，對方也因為達到了目的，似乎很高興。

正如姐姐所說的一樣。

在亞洲文化中，謙遜是美德。

從小我就被教育「不能逞威風」、「不能自以為是」、「不能得意忘形，自我陶醉」。

這些話確實是真理。

君子要保持謙遜，絕不能自視甚高。

正因如此，才能受人尊敬。

我就是在這樣的教導下成長起來的。

來到日本以後，有段時間，我一直住在社長家裡。當時社長夫人將美國的知名樂隊「皇后樂團」請到日本開演唱會。那次，大家在社長家裡舉行了盛大的派對。

因為我會說英語，就和樂隊成員聊天。

令我驚訝的是，這些大人物開始介紹他們有多成功、多有名。而日本的前輩歌手們，絕對不會說這些。根本就沒有自誇的人。那時我感受到了強烈的文化衝擊。

樂隊成員問我：「你是做什麼的？」

我回答：「我是歌手。」

他們接著問：「那你唱什麼歌呢？」

就這樣，問題一個接著一個拋過來。

最後，我講到我在香港出道，成為十大歌手，後來唱片大賣，刷新了銷售歷史記錄。

對方聽完，點著頭對我說：「好厲害啊！」

「我不說這些的話，他們不會知道」，「我不說的話，就不會得到認可」，「對方沒有調查瞭解我的義務」——這次經歷讓我明白了一些道理。

如果我保持謙虛，閉口不談，可能會被他們認為我是哪兒來的高中生吧。

我也不是想要得到什麼認可，所以不用多聊自己的事。但是，這次經歷過後，我發覺讓對方瞭解自己也不是件壞事。

在日本，為了明確自己的立場，會與對方互換名片，以此獲取對方的信息，比如工作地點、職位和住處等。

大家習慣以此採取合適的對應方式。

在美國，人們沒有交換名片的習慣。初次見面的人會直接問：

「What do you do?」

然後會順其自然地介紹自己的經歷和正在做什麼事情。

如果這時候你表現出謙虛的樣子，對方會認為你在刻意隱瞞什麼，或者是不想和對方交朋友。

這就是「因為謙遜而吃虧」的例子。

聽完大家的自我介紹，會感受到高超的會話技巧。對於自己的優點，他們能行雲流水地傳達出來。

而我達到這個程度之前，花費了不少時間。要不斷練習。哪怕是講同樣的內容，根據不同對象，也要用不同的說話方式。

我認為自我介紹是一門藝術。

被別人誇獎之後，經常用到的回答是「Thank you, you are too kind.」

「謝謝，你真好。」

我覺得這些都是很棒的回答方式。

在中國，要是被人誇獎了，人們通常會說：「過獎，不敢當。」其中有一層這樣的意思：「誇得有些過頭了。我實在沒有勇氣接受。」

這也是非常好用的回答，所以我也經常說。

在日語中，有許多語氣舒適的回答方式。例如，「謝謝，被您誇獎，我特別高興。」「謝謝，我受到了很大的鼓舞。」「謝謝。我的努力有了意義。」

然而，例如「哪裡哪裡，我完全不行」、「沒有那回事」這樣的回覆，雖然有謙遜之意，但也等於是否定了對方的話，因此大家千萬不要說。

受到讚賞之後就表現出開心，坦然地接受對方的好意吧。

15

成功的秘訣在於時時做到萬事俱備

朋友問我：「你有沒有什麼成功的秘訣？」

我心想，成功的定義因人而異，這樣的問題其實很難回答。

我認為一個人成功的秘訣有許多。這本書就提供了大量的線索。

但是，無論你要追求怎樣的成功，有一點是不可或缺的。

那就是「時時做到萬事俱備」。

當然，不放過任何一個機會也很重要。但是，當機會來臨時，如果你沒準備好，就會眼看著機會溜走，或者因為當下自己實力不足，無法抓住機會。

關於要做好什麼樣的準備，也是根據各人夢想而有所不同。

例如，如果你是演員，我覺得你要隨時讓自己的身體保持最佳狀態，還要多讀書，研究其他演員的演技。

如果是歌手，那麼不光要讓自己的身體保持最好的狀態，還要保護好嗓子，注意不要感冒生病。

養成平時經常做發聲練習的習慣，起碼要常備幾套舞台服裝。

如果你是作家，就要對世上所有人事的情感、行動保持興趣，還要大量讀書，多積累素材。另外，也要不斷寫文章，保持寫文章的體力。

如果是體育選手，就得鍛煉身體，訓練自己的體育項目。

要是你是位投資人，為了更好地預測未來，不光要對經濟動向，還要對整個世界的變化趨勢，甚至對政治家的性格都如數家珍才行。

要是你是公司員工，就要朝著目標努力學習。被人叫到的時候，你要比任何人都熟悉自己負責的項目，擁有為公司效力的實力。

我認為，讓自己來確定成功的定義，然後沿著那條道路，時時做好萬全的準備，這就是通往成功的捷徑。

不僅是在工作方面，育兒上也是同理。

不存在什麼培養成功父母的學校，關於育兒知識，社會上各式各樣的說法都有。

該如何做好成為父母的準備，可以由你自己決定。

只要做好知識儲備，那麼無論發生什麼事，在你看來都屬「預料之中」，因此能夠冷靜應對。

如果沒有相應的知識儲備，你就會陷入恐慌。

所謂「萬全準備」，裡面有一個「萬」字，因此不能只做一項準備，而是為了實現一件事，建議準備好多個預備方案。

我的大兒子和我丈夫很像，什麼事情都會預備好A計劃、B計劃和C計劃等，事先考慮多種可能發生的情況。

要去哪裡，事先做好調查，包括路線、下榻飯店、餐廳，都會查清楚。他還會根據天氣報告，預先考慮可能發生的狀況，然後才正式出發。

他都是獨自思考這些事情，如果順利的話，誰都不會知道他下了那麼多功夫。但是，萬一出現問題，他永遠拿得出解決方案。

他始終讓我們感到非常安心。所以，後來他運營公司時，也因為這種總是做好萬全準備的習慣，開展得十分順利。

我有時候挺冒失的。至今為止，之所以我能把人生經營得還不錯，離不開身邊人提供的周密計劃。

但是，我也會以我自己的方式，時時做到萬事俱備。無論是身為歌手，還是作為作家，平時我都會努力做好周全的準備工作。

育兒也好，上大學讀博士也好，也都會虛心接受前輩們的忠告。無論何時，都讓自己不要慌慌張張。

如今，我開始考慮養老了，希望以後盡量不要給兒子們添麻煩，能夠平穩度過人生最後的時光。

只要做好萬全準備，就算以後得了認知症，我想也不會讓身邊的人過於緊張。

哪怕突然迎來了臨終時刻，如果內心已經做好準備，我想身邊的人也不會不知所措。

有備，才能無憂。Always be ready.

第四章

使自己變明智的8句箴言

承認自己懦弱、愚笨和缺點，是使自己變明智的第一步。

16. 認為自己最正確——這是愚蠢的思考方式 ｜ 17. 三人行必有吾師 ｜ 18. 尋求幫助是強大的證明 ｜ 19. 說謊就要付出代價：以誠摯的心靈度過幸福人生 ｜ 20. 不被金錢支配 ｜ 21. 能夠承認錯誤、會道歉的人，才是一個了不起的人 ｜ 22. 為了自己，原諒別人 ｜ 23. 哪怕孤單，也不要覺得自己孤獨 ｜

16

認為自己最正確——這是愚蠢的思考方式

和一群人談話的過程中，總會出現一種人，他們主張「自己的意見最正確」。

有時候，這些人說的確實有道理，其他人也會首肯。但世界上沒有絕對之事，一個人的意見不可能總是最正確的。

可是，有的人就是會非常堅持自己的意見。

大多數情況下，那些地位較高的人為了顯示自己的權力，不讓別人發表意見。

在政治中經常可以看到這樣的例子。

如果在政治層面做出愚蠢的妄斷，就會導致戰爭，對國內外帶來傷害。

歷史上，下如此愚蠢決定的領導者數不勝數。

我想，我們都不想成為那樣的人物吧。

當我們有了孩子，我們就成了家裡的領導者。然後不知不覺就感覺良好，會對孩子說：「這是媽媽說的，你們聽話就行了。」

我在養育孩子的過程中，發現自己會下意識地認為自己的意見最正確。

於是，當我覺得自己是正確的時候，就會好好跟孩子解釋。

而且，我也會傾聽兒子們的意見，和他們一同思考。

之所以這麼做，不僅是考慮到這樣可以訓練兒子們有主見，而且我自己也能從他們身上學到東西。

例如，當我和孩子們說：「絕對不能用手碰火。」他們問：「為什麼？」的時候，我不會只回答一句「因為危險」，而是更進一步詳細解釋理由。

比如說「因為會燒傷啊」，「要是燒傷了，比起其他傷口更難治好」。

我還會提供其他一些信息：「然後傷痕就會留下來，嚴重的話，損壞的神經恢復不了正常，人就會失去知覺哦。」

如果這樣回答，孩子們還是難以理解的話，我就會給他們看燒傷的人的照片，給他們講有關燒傷的真實故事。

我教育兒子們的基礎，不是出於「因為是媽媽說的，所以就肯定是對的」，而是和孩子們一起去尋找答案。

實際上，如今這個時代，只要動一動手指，什麼信息都查得到。老師和父母說的話不正確的，孩子馬上就能查出來。

要是發現自己說過的那些「絕對正確」的事情其實是錯的，才更羞恥呢。

看上去也很愚蠢。因此，我會積極地和孩子們討論。

現在，兒子們成人了，我們還是會融洽地聚在一起討論世事。從經濟、政治到宗教問題，好幾次我們還討論到了次日早晨。

其實很多時候，我們的意見並未達成一致，但最後，我們都互相認同意見不同的事實，友好解散。

每次討論，我都能學到許多。

如果一個人固執地認為自己最正確，對大多數人的意見充耳不聞，就等同於失去了從別人那裡學習的機會。

結果就會變得越來越愚鈍。

英語中有一個說法，叫「Open Minded」。直譯過來，就是「打開心扉」、「打開頭腦的大門」。

它的意思是指人要懂得變通。將直譯的意思用畫畫來表現，想像一下：打開心門，傾聽對方的意見；隨時打開頭腦的大門，留出向對方學習的空間。這是多棒的場面啊。

人年紀上去之後，思想會變得頑固，很容易基於自身的經歷，執著地認為自己所想的就是對的。

這樣很危險。不聽別人的意見，就是老化的證明。

充滿好奇心，保持向他人學習的謙虛之心，是保持年輕的秘訣。

如果你也想始終保持年輕朝氣的話，就不要再強調「我是最正確的」。

三人行必有吾師

17

為了獲得知識，我們去學校上課，受教於專家。

如今，大多數情況下，我們也可以從互聯網上獲取信息，從中學到不少東西。

但是，我還是相信一句話，「三人行必有吾師」。

無論是誰，任何人都一定有可以教我的東西。

每一個人都是我的老師。

秉持這個信念，人就會變得謙虛，而且會開始尊重別人，友善待人。

隨後願意傾聽別人，注意觀察別人的行動。

我一直和仁愛女修會的修女們參加義工活動。每週日在舊金山的金門大橋公園裡，我們會給無家可歸的人免費派發咖啡和甜甜圈。

這些流浪者平時遭周邊居民嫌棄，連快餐店的洗手間都不能進。我和朋友第一次參加這個活動的日子，令我難以忘懷。

按我原本的想像，應該是工作人員把咖啡和甜甜圈挨個交到流浪人士手裡，請他們吃就行了。然而，實際去現場一看，修女們正周到地為排成一列隊伍的流浪人士服務。

「How are you today, sir?」（先生您好，今天過得好嗎？）她們使用敬語，向隊伍裡無家可歸的人一個一個地打招呼。

她們問：「您要咖啡嗎？」

如果對方回答：「謝謝，我要一杯。」後面的修女就會把咖啡遞出來，笑著說：「請。」

接著，下一位修女拿著一瓶糖問：「Sir, would you like some milk and sugar?」（請問先生需要牛奶或糖嗎？）

她後面一位修女則手拿牛奶瓶，等待給想要的人倒牛奶。

這一部分結束後，下個階段是發甜甜圈。

「請問今天先生要來一個甜甜圈嗎？」又是如此親和的詢問。

如果對方說想要，修女繼續問：「您喜歡吃哪個？」然後用紙包好遞給對方。

那天我負責送出甜甜圈。我還對每個拿甜甜圈的人說：「謝謝您來這裡，祝您星期天愉快。」

整個交流過程和諧友善，場面宜人。

就像身處一個宴會場所一般，義工們重視每一位前來參加活動的流浪人士，並懷著感謝之心為他們服務。

我十分感動。

後來，除了甜甜圈以外，我還準備了煮雞蛋和香蕉，每週帶到現場去。

香蕉很受歡迎，煮雞蛋倒是乏人問津。

有時候，我們會和那些無家可歸的人聊天。

他們有的人是因為創業失敗後破產，家人不管不顧，只好流浪。

也有人是怎麼也找不到工作，就開始在公園和街頭生活。

有的人說自己沒有可以穿去面試的衣服，還有的人說已經好久沒有人找他們聊天了。

支援流浪人士的團體會送衣服給他們穿，又和他們聊天，幫助他們練習。

許多人因為自己流浪而感到難為情，其中不少人自尊心受到傷害，失去了繼續活下去的信心。

他們表示：「別人經常不把我們當人看。所以我們每週都會來這裡，來和你們這些天使一般的修女見面。」

我從這些修女姐妹的行動中學到了很多，也從這些流浪人士身上瞭解了許多事情。

例如，用報紙和紙箱蓋住身體，會變得暖和；可以用葉子代替肥皂清潔身體；在公園裡有哪些花草可以食用，等等。

另外，我也瞭解了社會有多冷漠。人一旦脫離了普通的社會圈子，再想要回去就會非常困難。

每週參加這個活動，我都能獲得許多寶貴的信息。

這件事只是一個例子。在人與人的因緣際會當中，相信一定有值得各位學習的方面。

我也想和別人分享自己的知識，同時從別人身上吸收各種知識。

世界上所有人都是我的老師。如果確信這一點，那麼每次與他人相遇，都會發現新的驚喜，從而活化頭腦。

18 尋求幫助是強大的證明

許多人認為，向別人尋求幫助是弱者的表現。
可我覺得，這是一個人強大的證明。
尋求幫助這一舉動，說明自己有地方不懂，承認自己能力不足。
許多人即使有不懂的事情，也為了好強，而裝作自己很懂。
這是因為他們不想被人認為自己無知，害怕別人看到真正的自己之後不喜歡自己。
也就是說，他們對真實的自己沒有自信。
一個有自信的人如果有不明白的事情，會選擇去請教別人。
為什麼呢？因為有自信的人對於自我價值的衡量，不是看自己知道多少東西，而是在於自己想要學習多少東西。

他們之所以敢於請教別人，就是因為對自我價值有自信。有的人明明自己能力不足，卻隱藏起來，像無事發生一樣繼續幹自己的事。其中的原因也是他們不想讓別人知道自己能力不足。而那些選擇向別人尋求幫助的人，不會感到羞恥，正是出於謙虛心以及對自己有充分的瞭解。

即使別人覺得自己能力不足，他們也不會認為這是在自損形象。我認為這也是一種強大的證明。

實際上，我們為了在社會中隱藏自己的弱點，需要耗費許多精力。有時候得說謊，或者不得不浪費彼此的時間。

我一直告訴兒子們：「當然最理想的狀態是自食其力，做到百分之百。所以首先自己要盡最大的努力。但如果這樣還是有不懂的東西、做不到的事情，也別羞於尋求他人的幫助。」

能夠意識到自己的不足，是非常幸運的。有「自覺」，說明還有學習的空間。

說明你有機會學習新知，掌握新的能力。

最可怕的是「不懂裝懂」，「意識不到自己犯了錯」。

要是這樣的話，等於是讓學習機會溜走了，最終很難獲得成功。結果還會給周圍人帶來麻煩，使自己的聲譽一落千丈。

我就算到了現在這個年紀，還是經常問別人，讓別人幫忙。

遇到不懂的事情時，我會上網查。如果還是不明白，我就會問兒子們和我姐姐。

如果想要瞭解非常專業的知識，我就會專門去拜訪有經驗的專家，向他們請教。

我曾經為了研究香港的教育系統，跑到不少老師、校長、家長、學生以及教育大學的學長那裡去提問。

而且，我還找到在教育部門工作的人員，向他們請教相關問題。有些事情，即便讀過大量書籍仍然不明白，還是在相關領域的現場才得到了充分瞭解。

託大家的福，為了讓香港的學生重拾學習的快樂，我出版了《四十個教育提案》，收穫了來自家長和教育界人士的一致好評。

事實上，書中的一些提案真的被引入到教育政策中。

向他人尋求幫助是有用的，能讓自己進步，掌握知識。這是十分重要的。

尋求他人的幫助絕不是弱者的表現，而是一個人強大的證明。

19

說謊就要付出代價：以誠摯的心靈度過幸福人生

對於「說謊乃權宜之計」和「場面話與真心話分開說」的做法，我很不擅長。

朋友經常說我：「美齡你太老實了，這樣會吃虧的。」「美齡你太單純，太相信別人了，這樣下去會被騙的。」

我還經常被取笑說：「能不能不要把客套話當真啊？」

因為我看不穿別人的謊言，所以常常被騙。

我只會看別人好的地方，因此很多時候，即便被騙了，我也不知道。

我想，肯定有人在背後嘲笑我吧。

即使是這樣，我也沒什麼懊悔的，還是每天開開心心。

為什麼呢？

因為一顆誠摯的心靈一塵不染。

一旦欺騙、說謊，然後為了掩蓋自己說過的謊，就不得不繼續說下一個謊。

而且，因為不想讓謊言被揭穿，每天都會惶惶不安。

甚至會因為自己說謊，就猜測別人是不是也說謊了，常常帶著防備心與人交流，這樣就會非常吃力。

那麼，是不是因為我全盤信任別人，沒有多餘的擔心，才能幸福地生活呢？

我想，一個人欺騙別人的時候，說了謊、想要隱瞞自己的錯誤的時候，心裡一定會留有疙瘩。

心裡疙瘩越多，心事就越重。

良心上留下了傷痕，不知不覺間，自己就把自己的心弄得傷痕累累。

然後就會害怕別人知道真實的自己，擔心「要是別人知道我真實的樣子，會不會不喜歡我？」陷入惴惴不安。

在這過程中，就會和自己最重要的人疏遠，即便待在群體當中，也會感到孤獨。

如果身邊有討厭自己的人，就會開始懷疑這個世界上是不是沒有理解自己的人了，於是活得很辛苦。

如果你不想要過這樣的人生，我覺得就應該停止說謊。

說謊的代價實在太大了。盡可能誠摯正直地生活會更輕鬆。

我自己在教育孩子的過程中，將「不說謊」作為一大課題。

我一直教導孩子：「沒有必要說謊。因為媽媽一直愛著你。」

誰都會犯錯，也許有時候還會做一些不好的事。

孩子為了不讓我生氣、不令我失望，不希望被媽媽討厭，有時會說謊。

但是，我對兒子們說：「無論發生什麼事，媽媽都會和你們一起解決。媽媽會一直愛著 完全的你們，所以沒有必要遮遮掩掩。」

「接受完全的你」，這份無條件的愛能讓孩子安心，增強他們的自律心。

心裡有了避難所，就不會害怕暴露自己的內心。

我小時候，父親對我來說非常重要。

那時我愛哭鼻子，非常害羞，討厭洗澡，不喜歡去人多的地方，學習成績也很差……而父親全盤接受這樣的我，很重視我。

我覺得，正是那樣一種全然接受一個人的方式，把我培養成了一個誠實的人。

雖然我滿身缺點，但我一直很有自信，認為這個世界上總會有珍惜我的人。

結婚之後，我發現丈夫也是這樣的人，所以我才能做自己。

我想把我父親給予我的無條件的愛，也傾注在兒子們身上。

如今，對於我這個滿是缺點的媽媽，兒子們也無條件地珍視。

這麼一來，我想我大概一輩子都可以老老實實地保持誠摯。

當然，也應該避免說會傷害別人的話，哪怕那是你真實的想法。

我認為最理想的狀態是既體恤人心，又保持誠摯。

經常聽人說：「比起騙人，還是被人騙比較好。」

我也有同感。
最好是能夠明智地看出別人的謊言。
對於這個技能，我至今還在練習中。

不被金錢支配

20

年輕媽媽們常和我說，教導孩子如何看待金錢是最難的。

我是一個「不被金錢支配」的人，所以也想把兒子們培養成這樣的人。

錢當然是需要的。但是，為了錢活著就太空虛了。

我寧願孩子們沒有多少錢，只要生活幸福就可以。

通過金錢來追求快樂，通過擁有奢侈品來衡量自身的價值——如果是這樣生活，人再有錢，都不會滿足。

一旦腦子裡開始想「我想要這塊手錶」、「我想要這個包」，這種想法就會無止無休。

我的朋友當中，也有人喜歡買高檔品牌包包和手錶。她說：「我擁有的這些包和手錶都是寶貝。」只要出了新款，她立刻就想去買。

有時候朋友還會拿戰利品給我看。我對包包、手錶之類的不太懂，所以不知道它們的價值。

那朋友開玩笑地說：「我丈夫賺得不夠多，真想和更有錢的人結婚呀。」

她曾表示，自己很羨慕和有錢人結婚的同學。

她女兒高中畢業以後，也和她一樣對名牌奢侈品產生興趣，總是喊錢不夠。

明明只要不買那些奢侈品，她們的日子就能過得十分舒心，可她們總是在為「缺錢」煩惱。

一旦陷入這種循環，就會經常覺得自己缺點什麼，永遠抱著貧困感。

我還有朋友喜歡買車。他會主動對我說：「我又買新車了哦。」因為這位朋友的父母是有錢人，所以家裡有好幾台車。無業遊民的他常常開著車到處兜風，打發時間。

他有時候會載我，但是對車子不甚瞭解的我，根本不懂其中的價值。

他很會用錢，但不擅長靠自己工作來掙錢。

他身邊有許多朋友都讓他請客吃飯。

所以他偶爾和我們抱怨：「我交不到能夠交心的真朋友。」

金錢無法買到真正的友情，因此他的人生被孤獨感侵襲。

還有一位朋友收藏許多古董，數量多到租了好幾個倉庫來擺放。這些古董他從不給人看，也沒有拿出去鑒定過。之前他突然去世，妻子要整理這些古董，就拿給鑒定師看，結果發現許多都是贗品。

要處理這些東西，妻子很頭疼。她抱怨道：「花了那麼多錢，到底是為了什麼呀？我們兩個人一次都沒旅行過，這些古董倒是堆成了山。」

明明是生命中重要的人，卻沒有留下多少回憶。

我一直對兒子們說：「用金錢能買到的快樂，只要有錢，誰都可以買到。用錢買不到的東西才更重要。」

友情、信賴、家人、羈絆、回憶——這些才是無價的東西。它們用金錢買不到，而想要收穫這些，必須靠努力，這樣才能過上充實的人生。

為了把孩子們培養成不需要物欲的人，小時候我教了他們許多不用花錢的遊戲。

摺紙、水氣球、捉迷藏……還帶他們去圖書館看書，參觀科學館，在美術館看畫，到附近釣魚……

真的玩得很開心。

我們奉行「不買」主義。互送禮物一年只有兩次，家人生日和聖誕節的時候。

我對兒子們說：「如果你們有非常想要的東西，可以跟我提要求哦。」

漸漸地，他們都開始表示「什麼都不需要」。

如今也是如此，他們總說：「我們沒有什麼想要的東西。」

別說是奢侈品牌了，我的兒子們不會買任何多餘的東西。看到他們這樣沒什麼物欲，我覺得非常棒。

但是，不管怎麼說，生活還是需要錢的。

運用自己的技術和時間工作，以此獲得金錢，這是現代世界的運行規則。

用心工作，得到適當的收入，是一件好事。

關於金錢的使用方法，我對兒子們有幾個提議。

首先是「生活在好的環境」。

也就是說，要住得舒服一點。不需要奢侈，但家裡要打掃乾淨，整整齊齊。

第二，為自己或者孩子的教育花錢是好投資。

第三，為了保持健康，可以在健康飲食上花錢。

第四，如果手頭還有餘裕，就花錢去創造美好回憶。

我覺得，過著不被金錢支配的人生，就不會羨慕別人，能自由自在地生活。

這樣也能集中精力在真正重要的事情上。

對現在的我來說，最想要的，就是要多多和親愛的人們在一起。我經常往返香港、日本和美國，就是為了見母親、兄弟姐妹、孩子伴侶等家人。

在餘下的人生中，我希望珍惜每一天，和大家共同度過。

活到了隨時別世也不奇怪的年紀，深感時間的寶貴。

想要擁有充實的人生，不被金錢支配就是其中一個訣竅。

21

能夠承認錯誤、會道歉的人，才是一個了不起的人

人類都喜歡合理化、正當化自己的行為。

承認自己做錯了，等於否定自己。所以自尊心越強的人，越不願意承認自己的錯誤。

因為不想承認錯誤，就會找理由、怪別人，告訴自己和別人，自己沒有錯。

但實際上，只有誠實地承認自己有錯的人，才是了不起的人。

誰都有可能犯錯。

但是，有些人覺得一旦承認自己的過錯，就再也抬不起頭來了。事實上，如果一個人不主動承認錯誤，那個錯誤就會變成累贅，重重地壓在肩頭，給這個人的人生蒙上陰影。

學會反省的人，才能邁上下一個台階，進一步提高自己。

我會教導我的兒子們：「如果是你做錯了，最好盡快跟人道歉，然後反省。」

時間拖得越久，本已惡化的關係和事態就會開始陷入僵持不化的境地，再也無法挽回了。

有的人會說，「時間會解決一切問題」，「過一段時間，對方也就忘了吧」，「等對方怒氣消了再說」。

我不贊同這樣的處理方式。即便會惹別人生氣，最妥善的辦法仍然是盡早道歉，盡快解決問題。

即使對方當時不原諒，但你誠意滿滿的道歉，總有一天會令對方感受到。

如果不這樣做，彆扭的關係很難恢復如初。

我曾經有一次和大兒子鬧到了快要吵架的地步。

那天是他考上大學之後，參加史丹福大學的開學典禮。開學典禮結束，我進了他的宿舍。

因為我第二天早上要在洛杉磯參加會議，所以當天我準備把兒子送到宿舍之後，自己開車去洛杉磯。

和大兒子分別的時候，他說：「媽媽，我上高中的時候，你沒來參加過我在學校的活動吧？現在昇平上高中了，你要多參加他的活動哦。」

聽到這句話，對我來說彷彿遭受了晴天霹靂。

確實，每次大兒子在學校有活動，我想要去的時候，他都會和我說：「沒關係的，不用來。你還要照顧弟弟呢。」

我都聽了他的話，沒去參加他的活動。但是，這次聽到大兒子這句話，我才發現，原來他心裡是希望母親去參加的。

他以前一定感到很寂寞吧……獨自一人在學校，也許很難過……想到這裡，我的眼淚都出來了。

但是，聽他說完，我的自我正當化本能出現了。我對他說：「可是，不是哥哥你說不用我來的嗎？」

大兒子搖搖頭回答：「算了，無所謂了。」然後回到了宿舍。

這時，我哭得更厲害了，覺得自己實在太對不起大兒子了。可是，這是一個已經無法挽回的過錯。

大兒子讀的高中確實很遠，那是一所加州的寄宿制學校。

他在高中三年間，常在舞台劇演出中擔任主角，還得過獎。即便如此，我也從沒有從日本趕過去看他。

我真是個不稱職的母親。

彼時的我，懷著極大的罪惡感，坐車奔赴洛杉磯。

那天雨下得特別大，電閃雷鳴。

一路狂飆的過程中，我下定了決心：

「我要承認錯誤，向大兒子道歉！」於是，我掉轉方向，朝史丹福大學開了回去。

等回到那裡的時候，已經是夜深了。我在宿舍外面給大兒子打了個電話。

大兒子聽到我的聲音，問道：「你已經到洛杉磯了嗎？好快啊。」

我對他說：「不，我沒去洛杉磯。我想和你道歉，現在就在你宿舍門口。」大兒子那時已經在新生派對上了，聽我說完，立馬回了宿舍。

一看到大兒子的身影，我就跟他道歉：「對不起，以前讓你那麼難過，真的很抱歉。」

他抱住我，對我說：「沒關係的，媽媽，我不放在心上。」

我們兩個人都哭了出來。

然後我們一起去了宿舍的咖啡店，聊了許久，把話說開了。

那時，我心中的重擔一下子放下了，我實在好愛我的兒子。

大兒子開玩笑地說：「媽媽，我真是服了你，還生什麼氣啊。」

我感覺我們的親子關係不光恢復了，還比從前更加要好。

如果覺得自己真的做錯了，就要承認錯誤，鼓起勇氣道歉。

一個人之所以不肯承認過錯，是因為無法接受自己會犯錯。因為不能原諒自己，就會拚命地自我正當化，給自己找理由。但是，我們真正該做的，是誠實地接受「自己不是完美之人」的事實，承認過錯，然後繼續向前。這一點很重要。

至於和對方道歉之後，會不會有好的結果，這一點另當別論，可是起碼你自己的心情會輕鬆不少。

誰都會犯錯。是把它轉向積極的一面，還是導向負面，全看你自己的選擇。

為了自己，原諒別人

22

原諒別人不是一件簡單的事。

我的一位同事對我說：「都說人要保有一顆寬容的心，可是我有時候無論如何都不能原諒對方。」

我覺得一個人要達到徹底原諒別人的程度，分成幾個階段。

首先，看對方是否承認自己的錯誤。

如果對方承認自己做錯了，那麼給予原諒就是一種成熟的對應方式。

還有一種更好的情況，那就是對方承認自己做錯了，並且主動向你道歉。

如果是這種情況，我覺得你就應該原諒對方，並且和對方和好如初。

但是，如果對方不承認錯誤也不道歉，那麼確實難以原諒對方。有的人會暴怒，有的人會在心裡默默感到受傷和難過。還有的人想要以牙還牙，做出報復行動。

這樣下去，不斷發生負面連鎖，就會使傷害越來越深。

因為我是和平主義者，所以總是勸人要和解，同別人和好。這不是因為我人有多好，而是希望大家能從負面連鎖中解放出來，變得幸福。

在我看來，原諒別人是為自己好，不是為了對方，而是為了讓自己活得開心點。

原諒別人，並不意味著你肯定對方的所作所為，也並不是說要忘記對方如何對待你。

你也沒有必要和對方恢復要好的關係。簡單來說，就是消除對對方的憎恨。

憎恨別人會耗費非常多的能量，太浪費了。

我有一個朋友，因為丈夫出軌離婚了。她曾對我說：「我要報仇，也讓他嘗嘗痛苦的滋味。」

我問她：「等你真的報復他了，看到他一敗塗地，你就開心了？你想成為這樣的人嗎？」

她回答：「我不是那麼差勁的人，過份的是他。」

然後我給出忠告：「既然你不想變成他那麼過分的人，那就原諒他，忘了他，進入自己人生的下一個階段吧。」

當時還不想原諒丈夫的朋友，選擇在網上抖出前夫做過的那些不好的事，把消息擴散開來。

我想，這樣做以後，她內心的傷痛估計治好了吧。但其實，她變得更加抑鬱了。

她感歎道：「為什麼我並沒有很爽快的感覺？」

我向她解釋：「因為你是善良的人，並不是那種會通過害別人來使自己快樂的人。」

如果只是因一時怒火而做出攻擊性行動，事後又立馬後悔的話，還不如最開始就抱著寬大的心去原諒對方，這樣更加輕鬆。

原諒別人以後，你會感覺自己很偉大，重新看待自己，也會變得更愛自己。

這時候，你的內心就會湧現出積極的能量，令你堅定地繼續走自己的人生道路。

這麼做的話，你就不會被捲入負面連鎖的循環之中，會變得越來越強大。

說起來簡單，做起來很難。

但是，如果堅持這種做法，我保證，你一定會感覺非常棒。

我認為原諒對方，是為了自己好的。

23

哪怕孤單，也不要覺得自己孤獨

喜歡和別人親近的人，都希望自己周圍總是有人相伴。

但是對怕生的人來說，一個人待著是最舒服的。

有的人會選擇獨自一人生活。

一輩子不結婚、不要孩子，不主動結交朋友，和親戚也只是維持最低程度的交往。

一個人去喝酒，一個人看電影，一個人吃飯。

我周圍有不少人表示：「這樣的生活對我來說是最開心的。」

在我的朋友當中，有人經歷過結婚生子，把孩子養育成人，自己退休之後，就選擇了離婚並獨自生活。

相反的，也有些朋友原本在大家庭裡生活，隨後祖父母去世，又和伴侶分開了，孩子也獨立出去了，最後不得不剩下自己一個人。

或者還有這種情況。有的朋友因為工作和家庭的關係，生活忙忙碌碌，錯過了結婚的最佳時機，最後一輩子獨身。

既有主動選擇獨自生活的人，也有不得已才一個人生活的例子。

孤獨是社會問題，而且已經變成一個大問題，在英國甚至成立了孤獨對策局。

老年孤獨的情況尤其嚴重。在高齡獨居者當中，會發生抑鬱、疾病、癡呆、缺乏照護、孤獨死等問題。

特別是在以小型家庭為主體的社會中，人們沒有依靠孩子的習慣，就需要社會來照顧老人。

有些老人會進入老人院，也有不少人因為習慣了自己原本所在的區域，還是選擇在自己家裡度過老年生活。

許多年邁人士為了能夠幸福、有尊嚴地過好剩下的人生，也會不讓自己落單。

在北歐，身體尚健壯的老年人會成為身體較弱的老年人的「朋友」，請他們喝茶，幫他們買東西，做類似義工的事情。

中國有這樣一種制度。年輕時如果為老年人做過一些義工活動，將來等自己老了之後，可以免費享受同樣的服務。

既有自主選擇獨自生活的人，也有根據具體情況不同，被迫變成一個人的情形。

無論是哪種，我想在這裡強調的是，即使變成孤身一人，也不要覺得自己很孤獨。這點很重要。

「孤單」和「孤獨」是不同的。

英語裡的說法就有不同。一個是 alone，另一個是 lonely。

孤單一人是「現狀」，孤獨是「感覺」。

哪怕被許多人圍繞著，有的人還是會感到孤獨。

哪怕獨自一人待著，有的人還是能內心豐盈地生活。

首先，需要思考你自己屬於哪種類型。

我就是怕生的人，但我也害怕寂寞。

我不擅長和一群人待在一起，而是和喜歡的人在一起時最快樂。

我沒有很多朋友，但是和家人、工作夥伴在一起時，我會覺得很安心。

我遇到開心的事情時，要是和喜歡的人在一起，開心就會加倍。發生令我難過的事情時，如果身邊有人聽我訴說，難過的心情就會減半。

雖然我一個人待著也沒關係，但是如果沒有可以與之分享人生苦樂的人，我會感到整個世界都變小了。

總之，我認為自己不擅於處於「孤獨」狀態。

和我一樣不想變得孤獨的人，要是處於獨自一人的狀態時，其實有非常多方法可以令自己不感到孤獨。

關鍵在於「人際聯繫」。即使身邊沒有人，也能創造聯繫。

如今，用手機上的社交軟件就能馬上和朋友取得聯繫。

結交喜歡的朋友、和自己有相同興趣的夥伴是很重要的。

另外，和家人聯繫也可以通過社交軟件。能夠免費打電話，甚至可以視頻見面。

我覺得定期和別人說說話是挺好的。

我的兒子們到現在為止，也不是經常給我打電話的。

但是，每次我們通電話，都能講一個多小時。雖然這樣也挺好，但我還是希望能定期多和他們聊天。

當我和他們抱怨「我們打電話的次數太少了」之後，小兒子回答：「因為媽媽你沒給我們提要求，所以大家就都不打電話了。」

既然如此，我提出了一個建議：「那你們按這個時間給媽媽打電話。大兒子每週一、二兒子每週三、小兒子每週五。」

他們都同意了，結果真的按照上面的安排，會準時和我通電話。

這真的是非常棒的一件事。因為有了期待，在電話裡一聽到他們的聲音，我就心情大好，變得很有活力。

我也能充分瞭解了他們的狀況，安下心來。

我感覺我和兒子們傾聽彼此的煩惱，互相給予建議，親子關係變得更好了。

這個例子讓我明白了一點，那就是「定好固定聯繫方式」的重要性。

因為這是非常正確的做法，所以我和我姐姐也定好了固定的聯繫方式。

我姐姐每天會給我打電話。我們決定每天她坐進車裡之後，她都要給我打電話。

我也是，每次坐車都會給她打一個電話。這樣一來，即便一次電話不能聊很長時間，但是我們每天都能知道彼此的生活情況，我也能隨時掌握母親的狀況。
　我和姐姐定的這個規則非常棒。哪怕是微不足道的小事，彼此也會趁還沒忘記的時候互相分享。即使我們住得很遠，也感到近在咫尺。
　我有一個朋友，和家附近開店的人關係很要好，經常打招呼，每天都會見面。
　還有一個朋友，會利用合作社的送便當上門服務，說是每天都有人給自己送食物來，光是這樣就覺得很安心。
　在意、關心別人，同時自己也被其他人關心著。這就是讓人不覺得孤獨的方法。
　「我現在在做這些哦」、「你最近怎麼樣」，這些問候也許就是人際聯繫的基礎。

當然了，如果再深入一點，參加一些地區活動，例如義工或者興趣培訓班，也可以和別人建立聯繫。

即便無奈只能獨自一人生活，一個人也可以選擇不孤獨。為了減少孤獨感，如果我們周圍有人看上去很寂寞，請一定主動去打招呼哦。

希望這個世界上再也沒有孤獨的人。

第五章

使自己變強大的5句箴言

不屈不撓的心能招來好運。

24. 不要拘泥於勝負 ｜ 25. 歡迎變化：接受並歡迎處於變化的世界 ｜ 26. 享受失敗 ｜ 27. 別人不做的事情，我來做。別人做過的事情，我要做得更好 ｜ 28. 選擇幸運人生：重視每一次的選擇，才能招來好運 ｜

24
不要拘泥於勝負

我在大學教授跨文化交流課程的時候，一直對學生們提到一個重點——友好交流的一個訣竅，就是不要拘泥於勝負。

事實上，如果太拘泥於要贏過別人，很多時就不能圓滑地處理人際關係。

全世界有很多人生活在紛爭中。尤其是處於戰爭狀態的國家，人們的痛苦無以衡量。

我曾在戰時的南蘇丹遇到一位老婆婆。她的故事令我難以忘記。

一九九八年，我訪問了南蘇丹。這個國家五十年間，斷斷續續地遭受戰爭侵襲。

我和這位婆婆是在一個叫作「阿瓊瓊」的難民營裡相遇的。

婆婆雖然眼睛看不見，但還是帶著自己的五六個孫子一起逃了出來。

她的女兒和兒子相繼去世，因此她只能獨自撫養孫子們長大。

她說，她會給周圍的女人們編頭髮來換取食物。

我說：「戰爭打了這麼久，您很辛苦吧。」

婆婆淡淡地回答：「許多孩子根本不瞭解和平是什麼樣子的。和平的時候，大家有工作做，但現在沒有。和平的時候有了工作，就有了收入，但現在沒有一點收入。和平的時候有了收入，就可以用錢買東西，現在就算有錢也買不到東西。和平的時候生孩子，孩子能平安長大，但現在就算生了孩子，也都會一個接一個地死去。」

這番話，對於浸潤在和平國家的我們來說無比震驚。

內戰令中非共和國很多人民失去家園，在難民營過著艱苦的日子。

南蘇丹後來雖然獨立了，但內戰依然持續著。

當地人民怨聲載道：「這些只知道打仗的領導人，活著的意義就是爭個你死我活。」

同樣受內戰之苦的還有中非共和國。住在北邊的伊斯蘭教和南邊的基督教人口，為了爭搶資源而打了起來。

本應該求同存異，共榮共存的民族，由於乾旱等自然災害，生活環境變得非常險惡，於是他們就以「道不同不相為謀」為理由，展開了激烈的爭鬥。

北邊的伊斯蘭武裝勢力一路南下，掠奪信奉其他宗教的村落，綁架少年少女。

他們的手段實在殘酷，基督教人民對其恨之入骨。為了復仇，基督教武裝團體將伊斯蘭教的村子燒為平地，見人就砍。

我訪問那裡的時候，聽到在綁架後被救出的小姑娘們的經歷，眼淚止不住地流下來。

她們說每天都被強姦，還要照顧那些士兵，被他們虐待。

她們說自己被當成了戰爭的勝利品。聽到這裡，我們抱頭痛哭。

我還看到了被燒成平地的村子。那裡一些天真無邪的孩子正在玩扮演士兵的遊戲。

伊斯蘭教和基督教國民兩方都表示，要戰鬥到贏過對方為止。

南蘇丹的童兵被釋放後，在聯合國兒童基金會的救援營接受治療。

看來戰爭還遠遠沒到結束的那一天。

人一旦記了仇，就很難和對方和好。

戰爭期間，犧牲了太多人。

我認為現代戰爭中沒有勝利者。

但是，現在進行式的戰爭中，所有人都很在意「勝利」。

只要一直盯著輸贏，悲劇就不會停止。

烏克蘭、也門、布基納法索……不存在勝利者的戰爭還在繼續。

而且，成為犧牲品的永遠是弱

者、兒童和女性。

這些人明明沒有主動選擇戰爭，卻被捲入其中，被迫過著沒有道理的苦日子。

到底什麼時候人類才會放下輸贏，選擇過和平的生活呢？

靠我們的力量，可以將和平維持到何種程度？

這難道是人類永遠的課題嗎？

25

歡迎變化：接受並歡迎處於變化的世界

在現代社會想要生存下去，我認為最重要的一種思維方式，就是要「歡迎變化」。

隨著年齡增長，人會喜歡運用已經習慣的做事方式，對於新鮮事物則會產生抵觸心理。

但是，如今人類正在面對巨大的轉折期。日新月異的新技術不斷融入我們的生活，世界正以超乎想像的速度發生變化。

只要動一動手指，知識想獲取多少就有多少。

娛樂也是如此。無論何時何地，只要你想，都能玩樂。想和朋友聯絡，使用手機上的應用程序，隨時都可以聊天。你能隨時買到來自世界各地的東西；有想吃的食物，也有辦法隨時吃到。

現在真的變得非常方便。

和我同齡的朋友說：「不要去追這些技術潮流。」我覺得必須改變這種想法。

想要開開心心地活下去，絕對需要一些最基礎的數碼知識。

絕不能「厭惡」這種變化。我認為更應該表揚慢慢適應變化的自己，然後每天都期待下一個會是什麼樣的發明。

如果要在人工智能時代中生存下去，就要接受變化、想像變化，並且去創造變化。這一點很重要。

在這個全新的時代，自己可以在哪裡發揮作用，能夠做出什麼樣的貢獻？

請在頭腦中時刻思考這個疑問。如此一來，總有一天，你一定會閃現靈感，然後發現你可以幫到別人的方式。

我就經常對我的兒子們說，一定要這樣堅信。

我的靈感還沒有顯現，但是三兒子已經發明了好幾樣東西，而且正在申請專利。

他的專業是人工智能，工作就是利用人工智能，創造出食物的新味道。

他已經發現了五種創造味道的新方法。

他倒不覺得自己做到了多麼厲害的事情，但實際上，對於創造食物的企業來說，他的想法非常激動人心。

可是，三兒子並不在意這些，平時總是專注於思考創造新事物。

我認為他那樣的生存方式，也許就是能夠在下一個時代中存活下去的年輕人的特徵。

但是，由於人工智能是從人類獲取信息，由此採取的行動是有界限的。我認為，人類必須擁有人工智能無法模仿的東西。

那就是人性。不要被機械影響，而去追求跟機械一樣的精準性和高效率。

靈感、情感、感動、感謝、痛苦、辛勞、錯誤……等等，關鍵在於重視這些人類所擁有的特性。

我的母校史丹福大學，是研究人工智能和數字技術的權威。但在三年前，史丹福的校長開始致力於人文學科。

引領數字技術發展的是人類。校長認為，只有熟悉人文知識的

在史丹福大學學到的挑戰精神，至今仍支撐著兒子們。

科學家才能創造未來。

他在學科聯動的共同研究方面也花費心力，目標是通過人性和新技術的結合，創建一個更好的未來。

這個做法我也非常同意。代替人類的不是人工智能，幫助人類的才叫人工智能。

受人工智能協助，人類的發展產生餘裕之

後，就能進一步誕生出下一個發明、技術、作品或藝術。

我們應該歡迎為我們帶來餘裕的人工智能。正因為人有了閒暇，文化、文明才會進化。

從前如此，現在也是如此，今後也將如此。

所以說，讓我們敞開胸懷，擁抱變化吧！

26 享受失敗

在養育孩子的過程中，我一直很喜歡給兒子們一些可能會失敗的挑戰。

因為我想把他們培養成不畏失敗的人。

當然，剛開始進行那些挑戰的時候，我會鼓勵他們想像自己成功的樣子，讓他們為之努力。

但同時，我也會告訴他們，失敗之後也能學到很多。

因此，我教導兒子們，要多嘗試自己可能會失敗的挑戰。

每次失敗後就會變得更強——我想鍛煉孩子們如此強大的內心。

一顆強大的內心會十分穩定，同時又像柳條一樣柔軟，能夠抵禦強風吹刮。

我希望兒子們的內心百折不撓。

我經常告訴他們：「要把失敗當成人生的燃料。因為不存在沒有用的失敗。」

許多父母為了不讓孩子失敗，想盡辦法加以保護。

有時候還會親自給孩子規劃人生，牽著孩子的手一起走。

如果之前的人生一直像這樣順風順水，那麼以後只要遇到一點挫折，就很有可能一下子崩潰。

所以，我希望兒子們平時也要想好，萬一遇到不順利的情況該怎麼辦，事先預備方案來行動。

人生中完全順心順意的時候並不多。因此進展順利時，一定要懷揣感謝之心。

我一直教導孩子，失敗是理所當然的事，關鍵在於怎樣站起來，這樣才能證明一個人是否成功。

在英語裡有個說法。當發生不好的事情時，就去找 Silver Lining（一線希望）。

意思是要去尋找隱藏在不好的事情背後的寶藏。

用中文的諺語來講，類似於「塞翁失馬焉知非福」。當你覺得失去了什麼時，說不定以後會發現這其實對你也有好處。

我認為從未失敗的人生很無聊。正是因為會失敗，獲得成功時的感動才會如此深刻。

不要害怕失敗。最令人遺憾的就是害怕失敗，什麼都不做。

我曾經和隱蔽青年的家長聊過。最初，孩子是在學校被人欺負，才不去上學的。父母和老師也來勸過，但孩子一直拒絕去學校。

父母不想為難孩子，就這樣允許孩子待在家裡了。

漸漸地，孩子連自己房間都不出來，整天關在裡面。

我問：「那你們為什麼不考慮給孩子轉學呢？」

母親說：「我們沒想到這一步，不想給孩子太多壓力了。即便他轉去其他學校，還是會經歷相同的失敗。」

我勸他們：「不試試怎麼知道呢？試試看吧。」

後來，這對父母還是沒有採取行動。

他們似乎覺得自己的孩子閉門不出這件事很可恥，所以一直自責：「是我們沒把孩子教好……」

結果，孩子成人之後依然一直待在家裡。

父母想到，待他們自己老了甚至去世之後，孩子該怎麼辦？似乎非常不安。

現在，這對父母一直在後悔：「當初要是去找別的學校，讓孩子轉學，情況會不會有所轉變？」

如果總有一天要後悔，那麼一開始就不能害怕失敗，應該勇敢採取行動。

人生只有一次，要無悔地度過。

出現問題的時候，最重要的是看看可否採取行動，改變現狀。

如果因為害怕失敗而遲遲不行動，很有可能陷入無法挽回的境地。

27

別人不做的事情，我來做。別人做過的事情，我要做得更好

我在申請史丹福大學博士課程的時候，在大學網站看到了印象極其深刻的一句話。

「別人不做的事情，你來做；別人做過的事情，你要做得更好。」

上面寫著，他們想要擁有這種精神的學生。

那時候，我自問自答了幾個問題。

「別人不做的事情，我能做嗎？」「別人做過的事情，我能做得更好嗎？」

我的恩師鼓勵我：「你的話，一定可以做到。」

於是，我填寫了申請書。

關於日本和美國的教育比較理論，做的人並不多。而精通兩國語言和文化的我，在申請書上就寫了我可以研究日本和美國的文化比較課題。

接著，我成功考上了教育學部的博士生課程。

時光荏苒，後來我的兒子們也決定要報考史丹福大學。他們在寫入學試論文的時候，我問了他們同樣的問題。

「別人不做的事情，你們能做嗎？」「別人做過的事情，你們能做得更好嗎？」

我告訴他們，先回答這兩個問題，然後寫在申請書裡。

結果三個人都成功考上了史丹福大學。

當然，我知道他們之所以能考上，不單單是因為這一點，但是擁有這種挑戰自我、相信自己的精神是非常棒的。

事實上，他們開始工作以後，確實在做其他人沒做過的事情。

雖然三個兒子都在矽谷從事IT相關工作，但他們的領域各有不同。大兒子是不動產，二兒子是聲音（音響）相關，三兒子是做食品方面的。

他們在各自的領域，運用全新的工作方式創造產品。

他們在史丹福大學學到的精神並沒有白費。

我自己也為了讓日本的《兒童色情、兒童賣淫禁止法案》正式出台，與夥伴們長年進行相關活動。

為了提高乳腺癌的檢查率，我和夥伴們也努力地宣傳。這兩方面都取得了一定的成果，為此，我和夥伴們都很高興。

事情無論大小，只要你自己努力了，絕對會成為你人生的食糧。哪怕一開始很困難，但如果不放棄，我相信前面的道路一定會越走越寬。

當你來到「前人未至」的境地時，就可以體會到巨大的成就感。為了到達這樣的狀態，首先最重要的，就是了解自己的優點，知道自己擅長什麼。

一個人有必要思考一個問題：對自己來說，值得為之奮鬥的是什麼？

如果有一個重要的目標，你的熱情程度就會不同。

例如，我的二兒子一直想要通過自己的專業幫助別人。他的專業是音樂和工程學。

所以，他剛開始的工作是開發全新的助聽器。

三兒子主修人工智能，他很關心環境問題。

三兒子就職的是一家植物原料食品公司。那家公司與他的理念契合，所以他在那裡開始做研究，並取得了成果。

大兒子原本在投資公司工作，後來辭職獨立出去創業。

他一直想要創建一家能在工作與生活間取得完美平衡、百分百支持遠程工作的不動產IT公司。如今，他順利達成了目標。

為了保護兒童的人權，我成為聯合國兒童基金會大使之後，一直從事相關活動。由於我自己是乳腺癌的康復者，深切感受到健康檢查的重要性，因此也就任了日本抗癌協會的微笑大使。一個人只要下定決心認真幹，就會動員起其他人，擁有夥伴，大家朝同一個目標實現成果。

但是，一切的前提是要有熱情和信念。

「別人不做的事情，我來做。別人做過的事情，我要做得更好。」我認為這是一句能產生積極原動力的話語。

28

選擇幸運人生：重視每一次的選擇，才能招來好運

在和別人談話的過程中，經常聽到這種話：「那個人運氣真好。」「那個人運道不行啊。」

運氣真的是上天賜予的嗎？運氣不好，是上天故意和你作對？

我認為運氣是自己可以選擇的。

只要有所意識，我相信自己就能成為「幸運兒」。

我母親信天主教，但她也信中國的風水。

從小時候起，我家就經常來風水先生。重要的節日，或者相親、搬家的時候，她一定會去問風水先生的意見。

有一位風水先生我很喜歡，因為她說的話很有趣。聽了她的話，我開始認為運氣可以由自己選擇。

她說，分到每個人身上的運氣，其實沒有太大差別。但是，根據出生時間和地點，運氣的變化情況各有不同。也就是說，每個人各有各的運勢。

看上去運氣好的人，其實是擅長順運勢行事。

就好比登山，運氣好的時候，就要快步登上去。運氣不好的時候，就要停下腳步，維持現狀，然後等到下次運氣來的時候再出發。

這樣一來，就可以不斷攀登，越走越高，因此會被認為運氣好。

相反，運氣差的人好不容易來了運氣，也不會努力登山，就那樣白白讓好機會溜走。

然而在運氣差的時候，卻無法看清形勢，想跑就跑，想放棄就放棄。

等回過神來，自己已經跌入谷底。

如果你相信這個道理，就可以總結出來一點，那就是分辨運氣好壞的能力非常重要。

什麼時候採取行動，什麼時候按兵不動，不同的選擇，人生大不相同。

風水先生當然會說：「只要風水好，運氣也會變好。」

然後就搬出一些聽上去有點難以相信的方法，比如朝哪個方向進浴缸洗澡，在家裡的某位置擺放什麼東西，運勢就會變好……

我也會隨母親的心意照做，但其實我並不篤信這種方法。

我覺得，如果想要分清運勢變化狀況，就得鍛煉自己的頭腦，讀懂社會和身邊環境的氛圍。

如果懂得什麼時候應採取怎樣的行動，人生就可以好運連連。

為此，必須理解世界形勢、周圍人的人格和思考方式。

對所有人事物抱有興趣，心思周全地接觸交流，我想就能招來好運。

擅長投資的人並不是從小就學習經濟學，而是因為他們能夠預判世界的動態走向，先人一步出手決定。

人際關係處理得周到的人，是因為看人的眼光犀利，能夠集聚適合自己的夥伴。

這麼一來，能夠幫助自己的人就會常伴左右，自己可以安心生活了。

我自然是希望自己的兒子們也能成為「幸運的人」，所以從他們小時候起，為了讓他們養成做出明智選擇的習慣，我給他們進行了各種訓練。

例如，為了增強他們對外界事物的好奇心，體會到學習的樂趣，我給他們提供了許多選擇的機會。

無論選擇之後的結果是好是壞，都要讓他們擔起責任來。

如今，大家都說他們三個「運氣一直不錯」。

經常聽到別人感歎：「三個人都考上了史丹福大學，真的非常幸運啊！」

事實上，這是他們拚命努力的結果，而且學習過程也是快樂的。

至於為什麼能夠做到快樂學習，是因為他們從小養成的習慣。

不存在什麼運氣，就是選擇的道路不同。

今天做出的選擇會影響明天，明天的做出的選擇會影響後天。

人生就是不斷做出選擇的過程，是選擇的集合體。做出明智選擇的人，就能變成「幸運的人」。

只要變身為「選擇達人」，你也能招來好運。

第六章

使自己變得美麗、充滿活力的 3 句箴言

渴望迎接下一個時刻的人是美麗的。

29. 保持好奇心是永保年輕的秘密 ｜ 30. 美是何物？ ｜ 31. 為了不讓自己疲勞，要使腦內激素保持在最佳狀態 ｜

29 保持好奇心是永保年輕的秘密

我馬上就要七十歲了，經常有人問我：「你看上去很年輕啊。有什麼保養秘訣嗎？」

每當我回答：「我沒有做什麼特別的事。」對方一定會一臉不相信地說：「你肯定有做過什麼吧。」

我也就每天洗臉、抹面霜而已，如果這也算的話？偶爾也會做一下臉部按摩。

還有飲食方面，主要以藥膳菜餚為主。

另外，我喜歡泡澡、散步，喜歡笑和睡覺。

這些習慣和我外表看上去年輕是不是有關係呢？

可是，別人依然會一臉狐疑地表示：「那種程度，誰都在做啊。除了這些，你肯定有其他什麼秘密吧？」

仔細想想，有一件事情我確實非常注意。

那就是「保持好奇心」。

我對任何事物都有興趣瞭解，一直保持想要一探究竟的想法。我想，這也許就是我保持年輕的秘密。

如果看到一把好看的椅子，我就會想：「這椅子是在哪裡製作的？原材料是從哪裡採購的？是誰設計的呢？坐上去感覺如何？」腦子裡充滿了問號。

要是在電線上看到停著一隻烏鴉，我就會很在意，心想：「這烏鴉是從哪裡飛來的？牠的夥伴在哪裡？長得好聰明的樣子啊。」

好奇心在英語裡叫「curious」。而對周圍事物表現出關心，則是

「mindful」。

不無視眼前的事物，而是保持興趣，這樣可以刺激大腦。

例如吃飯的時候，我會一口一口慢慢吃，集中注意力在食物上。這樣一來，不光是吃到食物的味道，還能享受口感。「這個的產地在哪裡？是怎麼做出來的？和我之前吃過的菜相比，今天的菜吃起來怎麼樣？」我會對這些問題饒有興趣。

散步的時候，我會注意花兒有沒有開，時令點心是不是可以買到了，鳥兒們有沒有找到對象——反正一邊想著這些，一邊走路。

如果發現了不知道名字的花朵，我會用手機查一下。發現看上去好吃的點心，也會買來嚐一嚐。發現幾隻鳥待在一起的場面，就拍個照片留下來。一次散步就能成為小小冒險，令我的活力倍增。

諸如此類，總是關注當下、享受現在，可以活化大腦。

這樣能分泌出幸福荷爾蒙，人會感到快樂，表情也會變得神采奕奕。

然後臉上就會溢滿笑容，目光熠熠生輝。

也許這種狀態在別人看來，就被理解為「年輕」了。

這和不在體內囤積老廢物質是一樣的道理，不在心裡留存垃圾情緒也很重要。

血液循環變好以後，身心也能保持健康。

通過運動和飲食控制，可以淨化體內的循環，那麼關於內心的大掃除，最重要的是保持積極的心態。

為此，對遇到的人事物表現出興趣，增添每日的「光彩」，效果就很好。

不僅要關注，更重要的是發自心底佩服。

「今年天氣明明那麼冷，水仙花的球莖竟然長得不錯，還開出花來了。真厲害！」

「鄰居家的小寶寶已經會走路了！真可愛。我們家孩子也有過這麼一段時期啊……」

「巴士今天準時來了！太棒了！」

每次對類似的小事有所感慨，大腦就會變年輕一點。

我覺得，正是這種一直保持感動的能力，成了我永保年輕的終極秘訣。

哪怕長了皺紋，臉部下垂，但只要笑容可掬，目光炯炯有神，人就會看上去年輕。

一個人年紀輕輕，卻沒精打采、面無表情的話，看上去也會老很多。

歲數只是數字而已。身體老化是無可奈何的事，但我認為精神上可以一直保持年輕。

無論活到多少歲，我都不想丟掉少女情懷。

我想，就是因為我臉上常常顯現少女的表情，別人才會對我感歎：「你真年輕啊。」

大家都跟我一起喚醒少男少女之心，恢復年輕吧！

美是何物？

30

各花入各眼。關於美的標準，一百個人有一百個看法。

中國有句古話：「情人眼裡出西施。」

在情人的眼中，自己喜歡的人看上去就跟中國四大美女之一——西施一樣。

但是，如果想讓世上所有人都覺得自己是「美」的，就得花費人生大部分時間。

老實說，因為工作關係，我也會注重自己的外表。

年輕倒沒這麼在意，倒是年紀大了之後，反而開始注意起來了。

我想保持這樣一種姿容，就是別人見到我時不會感到失望。

為此我做了不少努力。

我在外貌上的講究是要「維持現狀」。

只要保持和昨天一樣就是「狀態佳」。

這樣一來，周圍人見到我，就會覺得我本人沒什麼大的變化。

在保持真實模樣的同時，我也一直努力讓自己看上去是有活力的，即便因為年紀漸增而產生了外貌上的一些變化。

和普通人一樣，我會塗塗面霜，正常洗臉。但是，我沒有做過特殊的美容保養或整形。

我選擇多注意飲食、多運動，讓自己的身體、精神一直保持最佳狀態。

按我的經驗來說，心理健康非常重要。

擁有開朗的心情，對於保持「美麗」是最重要的。

目光炯炯有神，肌膚狀態也會變好，笑容自然流露，也能心態平和地與人交流。

為了呈現這樣的狀態，我會盡力讓自己不要急躁。

在性格方面，我屬於不喜歡和別人爭吵，盡量避免衝突的類型，所以一概不參與任何紛爭。

但是，由於我不會跟人對著幹，所以時常被別人以為我比較軟弱、好欺負，有時候甚至會受到非常不好的對待。

我從不認為自己是個懦弱的人，但我的確動不動就哭。而且被人指指點點一通之後，大多數情況下，我也不懂得反駁。

在我身上，發生過許多令我懊悔的事情。如果懊悔的心情久久不散，整個人就會陰沉下來，看上去很不好看。

所以，為了變美，我謹記一點，就是不要感到遺憾懊悔。做得不好的事情，反省後努力改善，把懊悔的心情變為增加自己價值的動力。

要做到這一點，有時確實很難，但是，保持心境明澄，就是一種最基本的「美」。

即便很難，每天我都讓自己臉上掛著笑容。

我經常對自己說：「今天我也很健康，要感恩啊。」「美齡，你很幸運，要感恩。」

這麼做的話，我就會感到自己心中的疙瘩慢慢消失了。

抱怨、發牢騷，這些都是「美麗」的大敵。我想無時無刻都讓自己保持明朗、平穩的心態。

如果是外表，我覺得可以按照自己的標準來打造。

「我想變成和那個人一樣」，這樣的思考方式會把自己迫得太緊。

「自己是自己，別人是別人。」

只要集中注意力，使自己的容貌及身體狀況保持在最佳狀態就可以了。

我在我家三姐妹中，個子最矮。周圍人經常討論外貌，我的兩個姐姐都長得很好看，是美女臉。

而提到我，就只是說我「可愛」，意思就是我當不了美女。如果我執著於成為美女，一定會給自己增加負擔，接著因為挫敗感而變得很難過。

所以我就想，我要一直保持笑容，看上去要親切。

我的理想也是希望長著這樣一張臉：哪怕變成老奶奶，孩子們看到我的臉也會喜歡親近我，願意和我在一起。

為了實現這個目標，我每天都在努力變「美」。

中醫有所謂「肺主皮毛」，皮膚的好壞和肺的健康息息相關，而對肺有益處的，是「白色」和「味辛」的食物。

比如豆腐、泡菜、牛奶、薄荷、白蘿蔔、百合根、白木耳、燕窩、骨膠原，等等。

日常我會多攝入這樣的食物。

為了讓氣血變好，我還會吃「紅色」和「味苦」的食物。

通過這樣的飲食方法，皮膚的新陳代謝更好了，人也看上去很健康。

如果皮膚狀態變好，就算不怎麼化妝，人看上去也會顯得非常年輕。

當皮膚狀態不好的時候，我會用粉底遮蓋一下。

我沒有什麼特別的化妝技巧，化淡妝的水平和大部分人一樣。

而且，為了不讓自己變太胖，我會盡量不要暴飲暴食。偶爾吃太多了，第二天我就立刻自我反省，準備清淡的飲食。我也不抽煙、不喝酒，盡量不喝含糖飲料，多喝熱水和茶。保證充足的睡眠也很重要，我盡量每天都睡夠七個小時。

運動方面我不是很擅長，所以平時也就健走而已。為了使身體變柔軟，保持良好體態，我會做普拉提。為了不使體重增加，保持肌肉不流失，我也堅持空氣跳繩運動。請一定找到適合自己的運動。

當別人問我為了「美容」做過什麼事情時，我都回答：「並沒有做過什麼特別的。」事實上，我只做了以上提到的幾件事。

因為工作需要，我得出現在大眾面前，所以保持外表的良好狀態，這也是我的工作內容之一。

讓自己隨著年齡的增長，體現出怎樣的變化，這是一大樂趣。
只要有自己的審美標準，就無須擔心。
請不要把標準放得太高，有過度的期待。讓我們創造屬於自己的美麗人生吧。

31 為了不讓自己疲勞，要使腦內激素保持在最佳狀態

現代人都有一大煩惱：無法消除疲勞感。

許多工作並不只是單純的體力勞動，而且需要用腦，去構建複雜的人際關係。

這樣就會感到心累，身體和心理都疲勞過度。

在徹底崩潰之前，需要找到一個每天都能清零重啟的方法。

我身邊的人經常問我：「美齡，你看上去總是很有精神，秘訣是什麼？」

其實我很怕生，不喜歡待在人堆裡。

因為工作關係，我需要和許多人見面，所以照我本來的性格，應該會覺得非常疲累。

可是，令我自己都出乎意料的是，我可以精神飽滿地應付。

我有一個不讓自己感到疲勞的方法。

那就是讓自己的腦內激素保持在最佳水平。

我們的心情受到體內化學成分的影響。

我們所受到的刺激會在體內轉為化學成分，然後我們的心情就會隨之變化。

被稱為幸福激素的三大激素有血清素、催產素和多巴胺。

血清素讓人變得開心、積極。當一個人和自己喜歡的人見面、做自己喜歡的事情時，就會分泌出血清素。

催產素是愛情激素。和所愛之人有肌膚接觸時，就會分泌出催產素。

一個人在受到表揚，或者達成什麼目標時，會分泌出多巴胺。當這些激素不足時，人就會變得沒有幹勁，身心疲憊，容易陷入抑鬱。

而體內若分泌出這些激素，疲勞感就能得到舒緩。

我家孩子們小時候，我經常是工作一整天，累到極限才回家。那時候，兒子們就會跑過來，一把抱住我喊道：「媽媽，媽媽，歡迎回家！」

我的腦內即刻分泌出血清素，疲勞感一瞬間就消失了。

後來我把這件小事寫成一首歌。只要兒子們出來迎接我，我就會一邊唱「血清素、血清素、血清素」，一邊和他們玩耍。

這樣一來，我就開始有動力做晚飯了。因為有了肌膚接觸，催產素分泌出來了，也感受到了愛。

然後，一家人坐在一起吃飯。我看到大家的笑容，多巴胺噴薄而出，腦內滿溢幸福感。

因此，當你回家累到不行的時候，請一定不要和自己的孩子說：「讓爸爸（媽媽）一個人靜一靜。」

可以說，如儀式一般和孩子交流接觸，就是不讓自己疲勞的一個方法。

沒有力氣做晚飯，就吃點外賣，隨便應付過去，然後一家人你看你的電視，我看我的手機——這樣的做法實際上並不能消除疲勞。你的腦子還是很勞累，急需幸福的激素。

所以，還不如和家人們一道準備晚飯，一邊交流、一邊用餐，這樣更加輕鬆。

吃完飯後，不要把身體很累當成藉口，直接癱倒在電視機前，而是帶孩子去公園溜溜鞦韆，去便利超市買個雪糕，一邊牽著孩子的手一邊吃。這樣更不容易感到疲勞。

沒有孩子的夫妻，也可以去散散步，互挽著手說說話。

如果是單身，可以養寵物，或者約朋友出來。哪怕時間很短，也要和外界接觸一下。這也是消除疲勞的好方法。

我的兒子們工作結束之後，會去健身房跑步。

他們這樣做也是為了使腦內激素保持最佳狀態。

去上興趣班，也是使激素狀態變好的一個方法。一個人在做自己喜歡的事情時，會分泌出催產素。

為了能夠分泌出這些激素，平時就要注意飲食和行為。

有些人會在節食減肥時感到抑鬱。這是因為營養不足，腦內激素水平紊亂。

攝取足夠的營養，尤其是蛋白質，這一點非常重要。

想要多分泌出血清素，需要多曬太陽。如果老是待在昏暗的室內，心情會變抑鬱，所以偶爾要走到室外，沐浴在陽光下。這點也很重要。

中醫認為，想要使激素水平更高，可以多吃「黑色」和「味鹹」的食物。貝類和海藻就非常好。

為了不讓自己疲勞，不光要增強體力，也要考慮怎樣保持腦內激素平衡，不致過度影響情緒。讓我們每天都過得活力滿滿吧。

第七章

創造羈絆的6句箴言

連接人際關係的羈絆，會交織出感動。

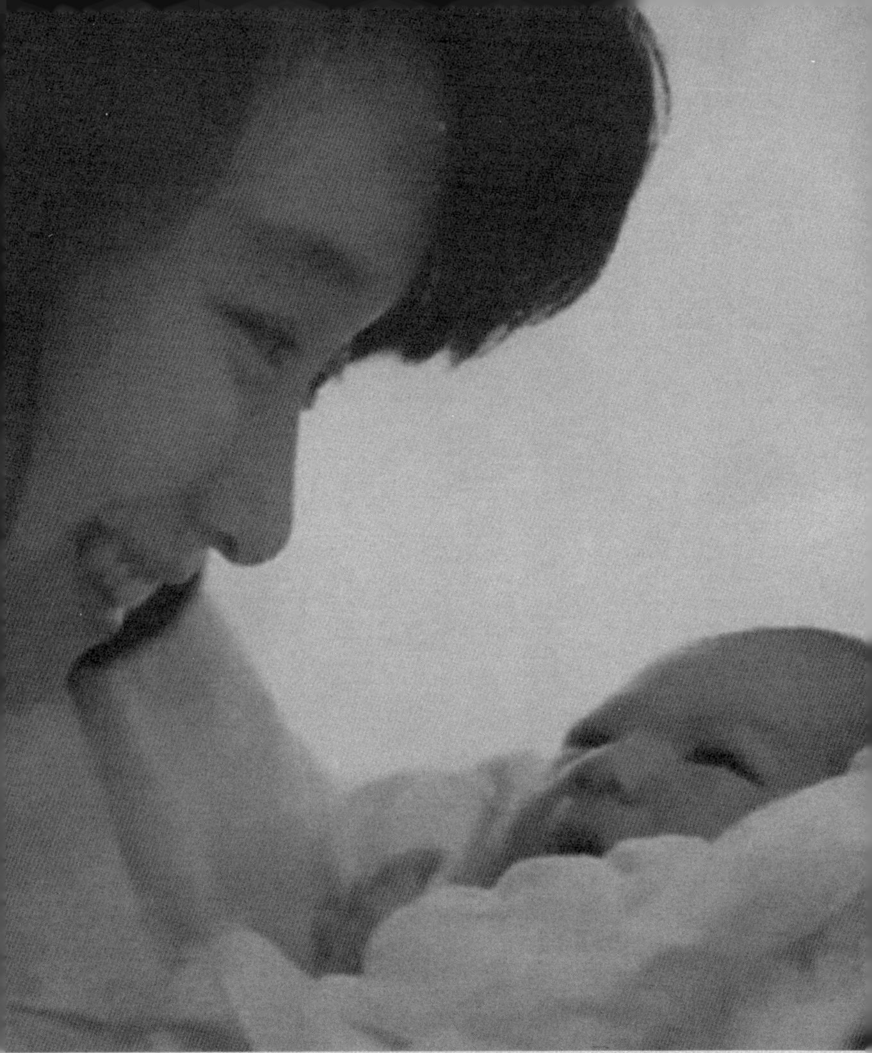

32. 你愛孩子，孩子會加倍奉還 ｜ 33. 家人之間不應存在利益關係 ｜ 34. 成為父母之後，感動的瞬間增多了 ｜ 35. 溝通是雙行道 ｜ 36. 掌握超越語言的溝通工具 ｜ 37. 照顧好身體，是對被賦予的生命表達敬意，是孝敬父母的行為 ｜

32

你愛孩子，孩子會加倍奉還

我是聯合國兒童基金會的東亞親善大使，在我為了探望敘利亞難民，到訪位於土耳其的避難所時，發生了一件可愛的事。

聯合國兒童基金會在當地設立了一所「兒童友好家園」，我到那裡給孩子們講了一個故事。

故事的主人公摩格拉是一個上幼兒園的小朋友。有一天，老師給他出了一道作業：「回去抱一抱每位家人，跟他們說『我愛你』吧。」

當我講完這個故事之後，對聚集起來的難民兒童說：「大家回去後，也都抱一抱每位家人，告訴他們『我愛你』哦。」

孩子們一聽，齊聲發出「啊——」，一臉不解的樣子。

於是，我就張開雙手，對他們繼續說：「不然這樣，我們稍微練習一下吧。拿我來做練習怎麼樣？」

接著，有一兩個孩子朝我走來，一把抱住我說：「我愛你。」其他孩子也一個一個來擁抱我。

我感動極了。這時候，有個男孩突然跑到周圍的大人那裡，一個個抱過去，嘴裡說著：「我愛你。」

看到這個男孩的行動，其他孩子也跑到大人們的地方，抱住他們說：「我愛你。」

所有工作人員都吃了一驚，還有人不禁流淚。

聽到孩子們此起彼伏的「我愛你」，我也哭了。

現場充滿了愛，如同射進悲慘現實之中的一束光。

敘利亞難民的孩子們，教會了我「愛的乘法」。

回到車裡，我把這件事講給司機聽，他回答我：「你愛孩子，孩子會加倍奉還。」

沒錯！孩子真的將愛加倍還給我們了。

從孩子們那裡體會到的溫暖，至今想起依然一陣激動。

在那之後，那裡的紛爭依然不斷，還發生了地震。我很擔心孩子們的安全。

不知道那些孩子是不是和我一樣，回想起那天的溫暖，也能驅散現實的冷酷。
希望戰爭盡快結束！

33 家人之間不應存在利益關係

許多父母常對孩子說：「只要你乖乖的，我就給你零花錢。」我還經常聽到有的孫子會這樣說：「爺爺真好。給我錢花。」母親為了鼓勵孩子，有的會說：「如果你成績考得好，我就給你買那個。」

這樣的行為，會把家人之間的關係變成一種「利益關係」。做了某件事，才能得到某樣東西。為了得到某樣東西，才去做某件事。

這種是帶有附加條件的愛，是一種帶條件的服從。有點像商業交易。

家人之間的愛應該是無償的，基於自我犧牲的貢獻而組成。

如果摻入利益關係，一旦父母給予孩子的表揚不夠了，親子之愛就會消失。

孩子會用物質獎勵來衡量父母的愛，這實在是非常可惜的事。

來自父母的愛和關心，對孩子來說應該是最好的獎勵。要是扯上物質利益，孩子就會盯著物質獎勵來行動。

這樣一來，真正的親子之愛變得難以互相傳遞。孩子通過得到東西和金錢，自認為就此獲得了父母的愛。

而且，他們的自我價值也會以自己得到的東西來衡量。

孩子會誤以為，給自己許多東西和錢的人就是看重自己的人，而不給自己東西的人等同於不重視自己。

當得不到某樣東西的時候，孩子會認為自己沒有價值，從而失去自信。

所以，為了確認自己的價值，他們會不斷地向父母索要東西。要是父母不給，就懷疑父母對自己的愛和自身的價值。

如果一個孩子是被這樣教育長大的，那麼當他們想要被別人喜歡的時候，也會以物質來吸引別人。

例如，「我家裡有最新的遊戲，你要不要來？」「我請客，去不去喝一杯？」

這樣的孩子長大成人之後，人際關係也會變成一種利益關係。

然而，以利益維繫的人際關係不會持久。俗話說「錢斷情亦斷」，他們會被虛偽的人際連接所迷惑。

想要孩子能夠構建真正的家人之愛、友人之愛，就絕對不能把家人之間的關係變成利益關係。

所以不要用東西或金錢來獎勵孩子。

可以用其他方式獎勵他們。

例如：「我們在公園裡玩捉迷藏吧」、「給爸爸變個裝，你想怎麼打扮就怎麼打扮」。

發揮想像力，和孩子一起做一些能讓他們開心的活動。

這樣，孩子就會實際體會到一點——和父母度過的愉快時光就是對自己最大的獎勵。這麼一來，家人之間的羈絆也會越發深厚。

但是，這些做法需要父母付出努力。

工作忙碌的父親可能習慣以零花錢和送禮物的方式，讓孩子愛自己。

現在因為許多家庭的父母都要上班，如果沒有什麼時間陪孩子，孩子一撒嬌，也許就會立馬給孩子買東西了。

共同創造美好的回憶，就是對孩子最好的獎勵。

怎樣在繁忙的生活中抽出時間和孩子共同度過，這是現代家庭的一大課題。

要解決這個課題，如果不改變社會架構和以父母為優先的思維習慣，也許很難實現。

但是，只要一天之中哪怕抽出二三十分鐘的時間去和孩子玩耍，也能夠讓孩子忘卻一整天的孤獨寂寞。

例如，吃完晚飯，和孩子散步十分鐘。

或者制定一個家人共同參與的活

動，大家朝著同一個目標，每天一點一點實施。

比如「我們來做一把椅子吧」，「我們手工做一雙拖鞋，到爸爸生日那天送給他吧」，像這樣共享一個目標，就能增添樂趣，令孩子實際感受到家人之間的羈絆。

一個人在一生中，能遇見幾個無私地愛自己的人？會碰到幾個無條件接受自己的人？

因為有緣才成為家人。讓我們不要去考慮什麼利益，而是無條件地愛護家人，創造幸福吧。

34

成為父母之後，感動的瞬間增多了

選擇要孩子以後，就要有這樣一個覺悟，那就是這個世界上永遠存在自己的分身。

我有一個原本不想要孩子的朋友說：「不希望有多一個像我這樣的人，一個人生活也無所謂。」

但是他結婚後，妻子對他說：「我想要一個長得像你的孩子。」於是他又覺得：「妻子那麼想要生的話，我也不是肯定不要孩子了。」結果，他成了兩個孩子的父親。

「我沒想到自己竟然有這麼大的力量去愛別人。」現在他是一個好爸爸。

為人所愛，愛護別人，愛就會成形。也許這就是擁有理想家庭的方法。

想要留下基因的欲望是生物的本能。

但是，從各國少子化的情況來看，不想生孩子、不想結婚的年輕人確實越來越多。他們的理由各式各樣都有。

經濟學家認為，如果人們金錢上比較有餘裕，就會選擇生孩子。這一點也是如今主流的思想，作為少子化的對策，經濟上的支持是主要一環。

實際情況真是如此嗎？

人們在回答調查問卷的時候，通常會像優等生一樣，給出「因為經濟上無法支撐」這種答案，但是實際上，除此以外，還有許多令人們選擇不生孩子的理由。

關心環境問題的年輕人會說：「我不想再給地球增加更多的人。」「現在這世道的情況並不能讓孩子健康成長。」

也有找不到對象的人表示：「我沒有想要一輩子待在一起的人。」

還有女性只是提出這樣的理由：「我想保持身材，不想變胖。」

也常聽到一些消極的言語：「我的人生並不快樂，我不想讓我的孩子體會到這種痛苦。」

沒有自信的人則會說：「我連自己都照顧不好，絕對不可能照顧好孩子的。」

而有些人甚至說得很極端：「孩子對我來說，沒有任何好處。反正我老了以後，國家會照顧我，我的錢我想花在自己身上。」

聽到這些理由，我對人類產生了疑問。

人類是變聰明了，還是變笨了？是變寬容了，還是變自私了？社會心理學家指出：「如果抹去留下生物基因的基本本能，相當於自殺行為。」

人類是在選擇自我毀滅嗎？

我生大兒子的時候，據稱日本已經陷入少子化危機了。當時我被國會召去做參考人①。關於如何讓人們更願意選擇生孩子的問題，國會詢問了我的意見。

當時我提出，需要建立一個對母親和孩子更友好的社會，也有必要打造令母親們更容易投入工作的職場。

同樣被邀請與會的學者斷言：「現在經濟形勢不好，如果經濟情況變好，出生率就會提高。」

可是，如今三十年過去了，出生率依然沒有好轉。

為什麼要生孩子？

要深究這個問題，本來就是問一萬個人都沒有完全相同的答案。過去，有孩子意味著財產、勞動力、遺產繼承和養老有了保障。擁有孩子，是提高家族實力的手段。

但是，現在養育孩子非常燒錢，孩子長大成人也不一定就會照顧父母。

這樣一來，孩子就成了奢侈品，只有喜歡孩子的人才擁有孩子。生孩子這件事完全變成了購物一樣。

我有了孩子以後，人生中「感動的瞬間」大大增多。

我覺得人生幸不幸福，取決於最後生命結束之前總共感動過多少次。

從這個意義上說，我就是有了孩子，才過上了幸福的人生。

在守護孩子成長的過程中，我會因為微不足道的小事而真心感動。

「啊，翻身了！」「來，笑一下！」「他剛才自己走路了。」「剛剛說話了！」

每次看到孩子的成長，身為父母，我都會發出傻乎乎的感歎。

但我的感動都是發自心底。

有了一個比自己還重要的人，活著的意義都改變了。

為了守護這個小小的生命，我應當去做什麼？這成了我的生活目標。

看著孩子們的成長，父母能獲得莫大的感動。

我有三個孩子，可以說已經收穫了足夠一生回味的感動。

光是這樣，人生就已然開心、幸福。

但是，成為父母之後，由於有了絕對不想失去的重要之人，一個人就有了弱點。

你既擁有了自己寵愛的孩子，也會出現用孩子來要挾你的人。

在我公開反對兒童色情業的時候，經常收到威脅信。

「你家孩子也會一個人走在路上的，給我小心點！」「想想你自己的小孩！總有伸手不見五指的黑夜！」會有這樣可怕的威脅送到我這裡。

我自己怎麼樣不要緊，要是孩子有什麼三長兩短……一想到這裡，夜裡都睡不著覺了。

但我還是振作了起來，心想要保護好自己的孩子，也要保護好世上的孩子。於是繼續開展活動。

雖然有了弱點，但作為一個人，我變強大了。

我知道成為父母很辛苦，但絕對是有價值的。

有朋友對我說：「孩子五歲之前就會把一輩子的孝道都盡好。」

我非常贊成這句話。

那段時期收穫的暖意至今都支持著我，在嚴酷的冬夜裡溫暖我。

也就是說，成為父母會讓你感動到心靈震顫，而且你在其他地方都不會有這種感受。

因此，你會被幸福感圍繞著，擔心也好，辛苦也罷，所有這些都會煙消雲散。最重要的是，你能真實地感到自己活著。

①參考人，在日本指的是應議院的委員會或行政廳的要求，為審查或調查提供參考意見的人。——譯者注

35

溝通是雙行道

孩子正值青春期的家長經常向我反映：「我的孩子不和我溝通。」

不管問孩子什麼問題，孩子只回答「一般」、「沒什麼」、「沒關係」。

這是因為父母成了傾聽的一方。

家長一心想要知道孩子的情況，變成了單向交流。

可是，溝通是雙行道。

互相分享信息，這樣的溝通才成立。

只要集齊八個條件，就能形成溝通。

首先要有發出溝通邀請和接受溝通的人。

還要有互相都能理解的語言和信號，比如說的話，畫的畫，唱的歌，或者表情。

然後需要溝通媒介。可以是電話、面對面交談，或者視像會議。

接著，需要有傳遞的信息，也就是你想要告訴對方的內容。

隨後，對方也要有理解能力。對方理解你說的話，有了反應，才能向你傳遞。

集齊以上條件，加上過程順利的話，溝通才能成立。

那麼，平時我們和別人交流的時候，這些條件是否都有呢？

上司和部下談話的時候，有沒有真的傾聽部下說的話？父母和孩子講話的時候，父母會不會聊聊自己？

夫妻之間對話，是不是只有妻子在不停地講？

也許我們意外地都不擅長溝通。

如果想要和孩子順利溝通，有一點很重要。那就是首先從自己講起。

「媽媽今天發生了這樣一件事哦。」「今天爸爸惹上司生氣了，有點難過。」

類似這樣自然的聊天，我想孩子肯定會和父母搭話的。

作為一名上司，留出一部分時間去傾聽部下，這也很重要。日常我們偶爾會忽略一些事情。為了自己和部下的共同成長，保持傾聽的姿態非常關鍵。

而夫妻之間的對話，通常容易集中在小孩身上。所以時不時換一下場所，說些別的話題也很重要。

溝通成立的所有條件中，最重要的是「內容」。

溝通對象是否對溝通的內容感興趣，這一點很關鍵。

大多數情況下，都是由擅長溝通的一方來引出話題。無論在什麼樣的場合，這種人都能帶出會讓對方感到有意思的話題。

為此，平時就要養成保持好奇心的習慣，多多關注社會。這樣一來，聊天內容會變得很豐富。

和這一點同樣重要的是「傾聽的能力」。要對溝通對象講的話抱有興趣。

隨後，向對方提問時，注意要讓對方更容易接話。

想要做到這一點，首先得在心中覺得自己真的想瞭解對方。

如果在溝通中只知道提出自己的意見，而不注意對方說些什麼的話，很難聊到一起。

擅長溝通的人通常也比較受歡迎，會有許多朋友給予支持。

這樣的人就會比較快樂，更容易過上幸福人生。

但怕生的人，或者不擅長溝通的人，只要以自己的方法進行有效溝通，也可以與他人建立良好關係。

如今，根據不同媒介，可以跨越不同世代和空間進行溝通。

雖然獨自一人也可以擁有快樂人生，但我覺得，和別人共享的人生更加精彩。

36 掌握超越語言的溝通工具

自從人類掌握語言以來，溝通的時候主要還是依賴語言交流。中文裡有個說法，叫作「心有靈犀」。意思是彼此十分瞭解，不需要對話就能交流。如果能做到這個程度，確實很理想，但在日常生活中，語言依然是溝通交流不可缺少的工具。

可是，我想提出一個建議。如果想要使人生更加豐富，就要去掌握語言之外的、屬於自己的溝通工具。

像我的話，唱歌就是我的工具。

沒有見過我的人們聽了我的歌，一定會產生各種各樣的感受。

我在歌曲中融入了自己想要傳達的信息。

但是，畢竟是歌詞，從某種意義上也是在仰賴語言。

可我們經常能夠感受到歌曲中超越語言的力量。

為了執行聯合國兒童基金會的任務，我去過內戰激烈的蘇丹達爾富爾地區，到訪被民兵組織「金戈威德」徹底燒毀的一個村子。

那裡只有乘直升機才能往返。

那時氣溫驟升，飛行員說：「如果所有人都坐上飛機，飛機就無法起飛了。我先帶一半工作人員過去，然後回來接剩餘的人。」

我就和一部分攝影人員留下了。

那個村子只剩下了和金戈威德對抗的其他民兵團。他們大約三十人，是一群持有武器、用布遮住臉部的男人。

村子裡本來有一棵大樹，其他的都被燒掉了。

我們所有人都在那棵樹下，等待飛行員把飛機開回來。

聽那些民兵團的人說，他們都是離開自己的家，因為戰爭聚到一起的。

由於直升機遲遲不來，我就說：「我是歌手，我給你們唱個歌吧。」

於是，我清唱了《歸來的燕子》。

士兵們一開始不發一語地聽著，不久有一兩個人哭了起來。

男人的眼淚，既美麗又悲傷。

一曲唱罷，他們問我：「這是首講什麼的歌？」

我回答：「是一首思念故鄉的歌。」他們聽完，又開始哭了。

大家表示：「剛開始不知道歌裡唱的是什麼，一聽到它，就想到了我的母親。」「我想起了故鄉的大山。」

無須語言，通過歌曲表達的感情就能傳遞心意。

那時，我再次覺得自己作為歌手非常幸福。

直升機終於飛回來了。士兵們把纏在身上的《古蘭經》取下來送給我們。

他們對我們說：「披上這個，你們就不會被槍擊中。」

他們把用來保護自己性命的重要物品給了我們。

當直升機起飛的時候，我大聲哭了出來。那時感受到的悲哀和人性的善良，讓我終生難忘。

雖然我們語言不通，但還是能互相理解彼此的心意。

社會上有不少人想要通過各種溝通工具，來傳達自己的想法。

如果是一位畫家，可以用畫來表現當下的時代、自己的感情，使對方體察所有信息。

服裝設計師則可以通過做衣服，表現今後的流行趨勢和審美意識等。

建築師通過自己設計的建築物，表現自己的設計意圖、對於城市的想法和對居住者的關懷。

實際上，世界上存在非常多超越語言的溝通方式。

我會給家人做飯菜來表達愛意。

針對家人們的健康狀態，結合時令食材，經過精心安排，製作適合他們的料理。

我想讓兒子們在我做的飯菜中，感受到來自媽媽的母愛。那些無法用語言表達出來的想法和親情，都融匯在了料理之中。能讓家人們吃到這些料理，對我來說就是莫大的幸福。

不知是不是我的思念被兒子們接收到，最近他們也開始給我做菜了。

比如我家大兒子，他現在住在美國加州。我偶爾去看他，他會不經意地在餐桌擺上他親自做的、也是我最愛吃的蛋糕。

無須多說什麼，這個舉動就傳達了一條信息：「我一直在等媽媽過來。」

比起嘴上說出這句話，這樣的溝通方式更讓我開心。

後來他結婚了。每次我去看他們夫妻的時候，我媳婦也總是會在餐桌上擺滿了點心。

我覺得這種表達親情的方式也相當可愛。

實際上，在許多家庭當中，孩子小時候經常吃的料理，就被稱作「媽媽的味道」。孩子長大成人之後，一嚐到那個味道，就能感受到母愛。

你有沒有無須言語的溝通工具呢？請務必掌握一項，向他人多多傳遞自己的想法吧。

37

照顧好身體，是對被賦予的生命表達敬意，是孝敬父母的行為

我有一個朋友是大胃王，體重嚴重超標。

但是她一直強調：「我就是喜歡吃東西。」完全不在意。

後來她身體垮了，反覆進出好幾次醫院。即便這樣，她也不願意減肥。

她連走路都很困難，稍微爬幾步臺階，就氣喘吁吁。

可她依然像沒事人一樣，不停地吃東西。

看著她的樣子，大家都非常擔心。

最後，她在去國外旅行的時候，因為心臟病發作，六十五歲就去世了。

她的丈夫、孩子，還有高齡的母親，都陷入了沉痛的悲傷之中。

我十分注重健康。

想吃什麼東西，我能忍住不吃；不喜歡做運動也還是會去做，該休息就休息……

仔細想一想，我為什麼這麼注重健康呢？想到了一些理由。

我之所以非常注重健康，是因為想要感謝被賦予的這條生命。

對於「免費」得到的「生命」，我想要「報恩」。

想要報恩的話，就需要維護好自己的生命。

我覺得自己還沒有報夠恩，因此很注意健康，想要報更多的恩。

還有一個理由，就是我想要為了母親而保持健康。

我母親年紀很大了。雖然她身體較弱，但還健在。

因為我想給母親盡孝道，所以心裡一直想著，自己絕不能比母親死得早。

為此，我必須保持健康。

為了不讓母親難過，我一直十分重視自己的生命。

母親最近開始變得認不出我了。

她也不太愛說話了。

即使如此，我還是每天盡量陪伴在母親身邊。

我會在母親耳邊給她唱歌。

比如之前母親教給我的搖籃曲或童謠，我就哼唱給她聽。

某天，我的手機響起了之前自己在香港時的大熱歌曲的卡拉OK版，於是我馬上和著旋律，唱給母親聽。

結果，平時沒什麼反應的母親，竟然開心地伴隨著歌曲的節奏，動了動和我牽在一起的那隻手。

我太感動了！說明她真的有在聽！歌曲結束後，她手上的動作也停了。

當我接著唱下一首歌的時候，她又開始用手打節奏了。

我和母親就此形成了交流方法。我非常開心，也十分感恩。

只要我還健健康康地活著，就能給母親唱歌。那時候，我切實體會到自己成為歌手真是太棒了。

我也非常感恩，自己沒有因為得癌症而先於母親離世。

於是我更加注意身體，決定每天晚上都要給母親開一個小型演唱會。

好好照顧身體，就是我對母愛的報恩。

另外，讓自己的人生健康長久，這是對於被賦予的這副身體的敬意。

當然，我明白自己的身體並不完美。但是體內一個個細胞，都在頑強地生存著。

為了它們，我也不能怠慢。

為了讓這一個個細胞健康地活到最後一刻，平時我就要做到力所能及之事。

這個想法就是基於「感恩」的心。

這副身體，活著的時間，都是恩惠，是別人給予我的。

父母的愛把我養育長大，老師們教導我許多知識，工作人員引導我發揮自己的長處，令我能夠成就事業。

丈夫和我結婚，成為我孩子們的父親。我的孩子們信任我的愛，好好長大了。

如果對所有人都懷著感恩的心，一個人就會注意身體健康，保護身體，盡量活得長一點來報恩。

暴飲暴食，濫用藥物，我覺得這些行動在某種意義上很自私。換種角度，也許那是上癮了。

這個世上有許多誘惑，讓人無法控制自己的欲望。

如果不小心一點，就會淪為不知感恩的人。

懷著敬意和感恩，和自己的身體好好相處吧。

第八章

使自己變幸福的7句箴言

有人說，幸福要感受才會有。
其實，也許幸福的有無是自己決定的。

38.「託您的福」：懷著感謝之心，通往豐富的人生 ｜ 39. 不要把別人當成透明人：關心身邊人，自己也會感到幸福 ｜ 40. 無敵的笑容：只有人類能展出的善意，最強的溝通道具 ｜ 41. 幸福之花的種子 ｜ 42. 一個人最重要的任務是擁有夢想 ｜ 43. 所有發生過的事，都是好事 ｜ 44. 被愛不如愛人 ｜

38

「託您的福」：懷著感謝之心，通往豐富的人生

有一句日語我特別喜歡，就是「託您的福」。這句話的意思，就是一個人對於身邊許多人給予自己的幫助，一直記在心裡。

我去加拿大留學的時候，深切體會到了這句話的含義。

十四歲香港出道，十七歲進入日本演藝圈，就在我工作順風順水之時，我也開始思索一個問題。那就是工作之所以這麼如意，是

因為自己的實力，還是純粹靠運氣？

後來我去了加拿大留學，開始一個人生活，頓時深切體會到，我之前是受到了周圍人多麼大的支持。

住所、飲食、生活基本費用……我才意識到，以前生活中各方面都是依賴別人。

留學時遇到大雪天去上學，非常辛苦。

有一天，我懷裡捧著很多書，手上拎著購物袋，正要從公寓後門進去。

這時正好收垃圾的大叔在那裡，幫我開了門。

真是幫了我大忙。我低下頭致謝：「謝謝你。」

他立馬笑瞇瞇地回答：「我很樂意給可愛的女士幫忙。」大叔還幫我按電梯按鈕，非常親切。

不知道為什麼，我感到很開心，回到房間的時候感動得哭了。因為別人幫一點小忙就感動成這樣，突然覺得自己怪可愛的。原來自己能夠工作，還能去上學，背後其實一路離不開那麼多人的支持。

單單每天這樣生活著，實際上也是許多人共同默默努力的結果。有自來水，是因為有人安裝了水管，有人負責管理。有電可以用，路上掃除積雪，學校的運營……所有事情都是託別人的福。

而我以前從來沒有考慮到這一點，為此真的感到很羞愧。能夠活著，每天順利的生活，來學校上課，有工作可幹……我必須感恩一切。

這就是「託您的福」的精神意義。

自從有了這個意識，不知為何，每天我都覺得比從前更富足了，也不會感到寂寞。

只要和他人互幫互助，我想我到哪裡都能發揮自己的作用。

對任何事情都認為是理所當然的人，人生中的感動瞬間一定非常少。

他們在人群中，也一定感到很寂寞，即便成了富豪，我想他們的人生也是貧瘠的。

不懂得感恩的人，人生肯定很不開心。

39

不要把別人當成透明人：關心身邊人，自己也會感到幸福

我經常對兒子們說：「不要把別人當成透明人。」

現實中，我們很多時候在生活上會把別人當成透明人。也就是說，明明身邊有人在，我們卻視若無睹。由於這種情況經常發生，所以我一直提醒兒子們：「你們要注意，多關心身邊的人。」

實際上，我是想教兒子們一個道理，那就是每個人都很重要。

為什麼必須這麼做呢？因為認同別人，是作為人最基本的禮貌，每個人都應該做到。

例如，我進洗手間要是看到有清掃工，一定會笑著打招呼：「辛苦你了。」

在餐廳裡，面對端菜的服務人員，我也一定會說聲謝謝。

在車站裡，如果有工作人員在我旁邊，我會致謝道：「有勞了。」

因為我想向他們傳達這樣一個意思：「有你在，幫了我很大忙，謝謝！」

這樣的做法，我也不厭其煩地傳授給兒子們。

我大兒子上小學二年級的時候，有一天，我站在他校園裡，一位負責打掃的女工向我走來。

「您是和平的母親吧？」她說，「和平真是個好孩子。他總是和我打招呼，還會幫我的忙。」

接著，她又笑著說：「我就是想讓作為母親的您知道這件事。」

聽完，我太高興了！有一種付出終於得到回報的感受。

我的孩子在我不知道的地方，真的有去關心周圍人，並且付出了實際行動。

太棒了！作為母親，我為自己的孩子感到自豪，幸福滿滿。

同樣的善解人意，我也在二兒子身上發現了。

二兒子上小學五年級的時候，曾經把朋友帶到家裡來。

他對我說：「媽媽，我朋友回不了家了，能讓他在這兒住嗎？」

據說那孩子聯繫不上父母，因為家裡出了點事，暫時回不去了。

聽說那個小朋友一個人在校園裡哭個不停，沒有其他任何人來幫他。

二兒子見狀，鼓起勇氣把他帶回了家。

雖然當時我有點猶豫，但被二兒子的溫柔感動到了，於是就讓那個小朋友住在家裡。

十天後，小朋友的媽媽來接他，這件事總算解決了。

關於讓朋友住在自己家裡這件事，二兒子並沒有去跟其他人吹噓，他只是單純幫助了有困難的朋友。

作為一名小學生，我覺得他的行為真的太棒了。對於二兒子的這份溫柔體貼，我非常感動。

一般人遇到類似情況，大多數都會說：「這和我沒關係。」「反正總會有人幹的。」

然而，敢於肩負起來，出手相助，也許這就是創建溫暖社會的基本條件吧。

「謝謝。」「辛苦了。」「今天天氣不錯啊。」「你不要緊吧？」「我來幫你吧。」每天都和別人說一些這樣的話，你也會開心哦。

40

無敵的笑容：只有人類能展出的善意，最強的溝通道具

笑容，是人類特有的溝通方式。

展露笑容不需要花什麼力氣，也不用花錢。

但是，對接收到別人笑容的人來說，會感到很溫暖。

這麼簡單就能做到的事情，如果不活用起來就太浪費了。

這就好比一個人明明有腳，卻一直拒絕走路，或者明明能發聲音，卻拒絕說話。

我一直篤信笑容的強大力量。

關於笑容的力量有多強大的例子，在我身上發生過無數次，其中有一件事至今仍印刻在我腦中。

那是我參加聯合國兒童基金會的活動，前往印度時發生的事。聯合國兒童基金會要幫助住在貧民窟的人們，為了介紹這個活動，NHK電視台也來拍攝特別節目。

我們去看望了住在貧民窟的一個少女，決定拍攝她一天的生活。

據說少女的媽媽帶著兩個年幼的孩子回老家了，原因是她無法忍受公婆的欺凌。

於是少女一個人留在貧民窟，由她照顧父親、奶奶和兩個兄弟姐妹。

少女對我們說，家人不准她外出，不允許她上學，父親還一直暴力相加。

採訪那天，少女正在給全家人做飯。

但她突然被奶奶狠狠地罵了一頓，快要哭出來了。

小屋裡的氣氛降至冰點。

然後，我給他們介紹自費和我一起過來的大兒子：「其實我的孩子也來了。」

大兒子當時正舉著相機拍照片，他聽我說完，放下相機，露出了自己的臉。

所有人看著大兒子，一臉疑惑的表情。

接著，大兒子突然笑逐顏開。

兩排大白牙在昏暗的小屋裡閃閃發光。

大家立馬像是鬆了一口氣似的，發出「噢——」的一聲，也笑了起來。

大兒子打了聲招呼：「你們好。」大家笑著將雙手在胸前合十，給他回應。

只是一瞬間發生的事，氣氛就一下子變好了，現場流淌著和諧的氛圍。

「歡迎你來。」「要不要一起吃呀？」之後，大家就開始聊開了。

是大兒子的笑容令所有人感到安心。

我頓時感到笑容的力量竟然如此強大。

無論到哪個國家去，我都面帶笑容和孩子們接觸。

就算我們語言不通也沒關係，因為笑容是全世界共通的語言。

還有另一件事情，令我深刻體會到笑容力量。那是在我去南蘇丹的時候。

會見「眼鏡蛇」派的司令官，請求他釋放手下的童兵。

由於長期內戰，南蘇丹有許多聘用童兵作戰的武裝集團。

其中有一支派系叫作「眼鏡蛇」，據說擁有二千人以上的兒童士兵。

聯合國兒童基金會通過遊說，解放了七百名兒童，我在康復中心見到了其中一部分。

可是，一想到仍然有一千多名兒童被迫當兵，我就很心痛。

我想，我可以去見司令官，請求他釋放所有童兵。

而我帶過去的不是什麼土特產，而是

我唯一感到自豪的笑容。

我想我可以笑容滿面地和司令官交談，然後讓他放了那些兒童。路程艱難，我們終於到達了司令官的小屋。包括長老在內，現場有許多重裝士兵嚴陣以待。

對話進行得還算順利。於是我盡全力用最燦爛的笑著說：「也請歸還其他童兵吧。我們會負責把他們帶回父母身邊。」

話音剛落，現場一片譁然。

工作人員感覺到了危險，對我說：「我們趕緊回去吧。」於是，當天我們就返回了。

我坐在車裡的時候嚇壞了。

我想，看來我的笑容沒有發揮出力量。

但是，就在我回到日本兩個月後，我收到消息說眼鏡蛇派系已經釋放所有童兵！

果然！笑容就是無敵的！

絕不能小看笑容的力量啊。

我想，一定是司令官感受到了我笑容中包含的誠意和友好。

笑容確實具有力量。也請你常帶笑容，與人為善，讓他人幸福哦。

41 幸福之花的種子

我經常對兒子們說：「每個人生來就擁有幸福的種子。」接著告訴他們：「可是，那些種子不會在自己的心中開出花朵，只有撒向別人的心裡，才能開出美麗的花兒哦。」

我想說的意思是：「每個人都擁有讓別人幸福的力量。自己想要變得幸福，也需要別人的力量。」

我想教會孩子們，在認同自己能力的同時，也要重視他人。

我還說過：「如果想要在自己心中擁有一片幸福的花園，就一定要溫柔待人，成為一個有魅力的人，不然別人就無法撒來幸福的種子。」「如果自己的心中盛放著幸福之花，那麼這些花兒又會製造出新的種子，再把這些種子撒向別人的心裡，這樣一來，世界上的幸福就會越來越多。」

我明白，雖然我把這些話都說給兒子們聽了，但是要實行起來並不簡單。

這是一種人際互相依靠的模式。也就是說，獨自一人是不會幸福的。

說起理想的形式，例如，母親在孩子心中撒下愛的種子，孩子們笑逐顏開、活力四射，這就是在向母親回饋愛。

如此一來，就能讓彼此心中都開出幸福之花。

我有一個朋友跑來問我：「一個單相思的人，就算想要向別人播撒幸福的種子，對方也不一定會接受……這不就是悲劇的開端嘛。」

我回答：「那是因為搞錯對象了吧。」

播撒幸福種子的對方，不一定必須是戀愛對象。

等待幫助的人，在世間數不勝數。

如果想要給予別人幸福的種子，許多人都在翹首以盼。

其中一定有人會向你回贈種子。

而且，幸福之花各式各樣。有大的花、小的花，有紅花、白花，根據種子不同，開出的花朵也肯定不相同。

我從兒子那裡收穫的幸福之花，和從朋友那裡得到的就不一樣。從作詞家那裡獲得的種子培育出的花兒，和我從恩師那裡得到的種子開出的花朵，也不一樣。

正因為此，心中的花園才如此繽紛、豐美。

身負聯合國兒童基金會的任務，我在前往烏克蘭拜訪頓巴斯地區的學校時，突然聽到一陣警報聲，不得不躲進了防空洞。年幼的孩子頭上都頂了一張紙，大家排成一列列隊伍，跑向位於地下的防空洞。

一張紙怎麼能起到保護作用呢？可這就是他們的規矩。孩子們把那張紙當成保命的護具一樣，一直頂在頭上。

我們一行人也跟著跑了起來。這時，一個女孩子把她的紙遞給了我！

我說：「沒關係，你護好你自己的頭吧。」但是她催促道：「快把這張紙放頭上吧。」

我被她的好意深深打動，一下子紅了眼眶，溢出淚水。

比起自己的性命，這個五歲女孩更關心我的安危。她是天使。

在烏克蘭的幼稚園，警報一響，孩子們就頂著一張紙，往防空洞避難。

當時，我心裡一瞬間開出了一朵巨大的幸福之花。

在戰爭的陰霾之中，就如同照進了一束光。

進入防空洞，在一片黑暗之中，我把她緊緊地抱在懷裡。我在她的心裡撒下了許多幸福的種子。

像是在施魔法一般，我對她說：「希望你平安、健康地長大，安然無恙地度過幸福的人生。」

現在回想起當時的場景，我都很想哭。

從她那裡獲得的種子所開出的花朵，在我心中長成一朵碩大的和平之花。

每次遇到別人，我都在述說和平的重要性，唱和平的歌，寫關於和平的文章。

即便如此，這世界依然紛爭不斷。

可是，從這個小女孩身上得到的種子開出的花朵，又結出新的種子。我把它們撒向了更多人的心中。

那些人也一定會撒向其他人。

我堅信，幸福的花園就會像這樣越開越廣大。

我希望這個小女孩心中的種子開出的花朵所結出的幸福花種，也會傳遞到你的心裡。

42

一個人最重要的任務是擁有夢想

教育的最大目的是什麼？這是人們經常問我的問題。而我總是回答：「教育最大的目的是告訴孩子們要擁有夢想。」而且，我也常常教導孩子們：「你們最大的任務就是擁有夢想。」

因為孩子有夢想，大人為了支持這些夢想，就會努力工作。一旦孩子們失去夢想，大人也會失去努力的意願，整個社會就變得死氣沉沉。

無論什麼時代，都是靠孩子和年輕人的夢想創造未來。

因此，教育的最大目的，就是教給孩子們擁有夢想的方法。

但是，仔細想想，我覺得就連大人，最重要的本分也是「擁有夢想」。

尤其因為我們的社會老齡化越來越嚴重，要是大人們也擁有夢想，才能使世界繼續發展下去。

所以，我們也要有意識地承擔起「做夢」的責任。

奉行現實主義的人會說：「夢想若無法實現，那就沒辦法了。」

沒錯，讓所有的夢想百分之一百地實現，這是很困難的。

可是，我們可以接近夢想。而且，只要不放棄夢想，實現夢想的概率就會變大。

並不是說夢想越大越好。

但我認為，擁有閃閃發光的夢想是件快樂的事。

我自己就有一個「做夢」的方法——「自說自話」型。

只要心想「我想這樣做」，「如果這件事實現了該有多好」，心中就給自己的夢想留出了「固定位置」。這可是特定席位。

也就是說，我的夢想「我不會忘記」，「永遠都記得」。

有時候會為了實現夢想全力以赴，但也不是時時刻刻如此。

然而，我絕不會忘記和放棄夢想。

這樣一來，就會下意識地始終採取接近夢想的行動。

接著，突然某一天，會發現自己離夢想越來越近了。

就跟魔法一樣，實現夢想的成功率非常高。

例如，從小學開始，我就一直夢想以後從事和孩子接觸的工作。

初中時我被星探發掘出道，唱歌後開始走紅，馬上變成了歌手。

但是，在我心裡，「想要從事和孩子接觸的工作」這個夢想，一直牢牢固定在原來的位置上。

後來我在日本出道，有幸受到大家歡迎。要升大學的時候，關於選擇專業的問題，我毫不猶豫地選了兒童心理學。

決定去加拿大留學的時候，我也選擇攻讀社會兒童心理學專業。

等學成歸來、結了婚，到史丹福大學攻讀博士的時候，我還是選擇了教育學專業。

這些都和我的工作毫無關係。

當我取得博士學位，回到日本之後，我的夢想終於實現了。

聯合國兒童基金會向我發出邀約，問我願不願意成為親善大使。

終於，我能夠從事「和孩子接觸的工作」了。

自那以後的二十多年，我參加了幫助全世界兒童的各種活動。

小學以來的夢想，經過三十年的時間總算實現了。但是我一點也不覺得它來得太遲了。

在我心裡這個始終有「固定位置」的夢想，終成現實。

而且是以遠超我想像的形式實現的。

另外，我還出版了許多與教育有關的書，幫助年輕父母育兒。

這些也都是和孩子們有關的工作。

雖然這些工作不是每天都有孩子圍繞在身邊，但我想做的事情終於可以達成了。

確實繞了一些遠路，可是我認為，正是因為我從未放棄過夢想，所以才有今天。

也請你在心中給自己的夢想留出席位吧。這樣的話，你的行動才會朝著那個夢想靠近。

然後不知不覺間，夢想也許就成真了。

43 所有發生過的事，都是好事

我的伴侶對我說：「在你眼裡，無論發生什麼事，都會看作是好事。就算失敗了，也會往好的一面去想，這樣的想法真的非常積極啊。」

我會把身邊的事情都當作好事來看待。哪怕發生了非常不好的事情，如果我能從中學習到一些東西，有所收穫，結果也是好的。

以前我帶孩子回到職場，引發了「美齡論爭」。

能引起討論當然是好事，但是我也受到了不少誹謗中傷。

當時有威脅電話打到我工作的地方，電話裡說：「不要讓陳美齡上電視。她是中國派來的間諜。」

還有人偽造信件，送到我的贊助商那裡。信裡寫道：「我們是全國家長教師協會（PTA），如果你們繼續聘用陳美齡，我們會發起罷買運動。」這些行為都是意圖妨礙我的工作。

有的週刊雜誌刊登了造假的信件。我的經理人前去理論時，對方竟然斬釘截鐵地回覆：「我們知道這都是假的，但也要讓我們賺錢啊。」

我的心很痛，十分煩惱。

但是最終，以那次爭論為契機，我去了史丹福大學，學習教育、經濟、性別研究相關專業，取得了教育博士學位。

得益於此，我開始有了自信，敢於積極發言。

從那以後，社會上對於職場母親的關照也多少有所改善。

而且，多虧那次爭論，我在育兒方面更加用心，後來三個兒子

因為「美齡論爭」，促使我留學史丹福，取得了博士學位。

也考上了史丹福大學。

那次爭論對我來說變成了一樁好事。

患乳腺癌也許是壞事。

但是，正因為生病，我明白了生命可貴，真正實踐了活在當下。

我認為我的人生因此變豐富了。

而且，我還成為日本抗癌協會的大使，和大家一起做活動，提高了乳腺癌的診查率。

結果就是，得乳腺癌這件事也有好的一面了。

被偷了東西、失去財物的時候，我也會轉念一想：「只要身體健康就是幸運。就當是破財擋災吧。」

因為自己能力不足，無法按預想的順利工作的時候，我會悶悶不樂，感到很沮喪，還會自責。

但同時我也會轉念一想，思考怎麼做可以從這件事中讓自己有所成長。

在想到這個方法之前，我會一直耿耿於懷。

可一旦找到方法，一定會全力以赴，將失敗轉變為成功的來源。

錯過尾班車，只能走路回家，就當正好運動一下。

被工作人員背叛、欺騙，我就想：「還好及早發現了。」

如果和別人相處，明顯自己處於下風的話，我會這樣想：「與其兩個人都不快樂，現在至少有一個人是開心的，也算是好事吧。」

在日本，如果器皿破碎了，會用金箔來修補。這種工藝名為「金繼」（金継ぎ）。

這種技術和思考方式，是把破損的東西修繕得比之前更加美麗。

我非常喜歡這樣的思維方法。

人活著，總會發生一些負面的事情。但是，如果每次遇到負面的事情都能振作起來，就可以構建更加美麗的人生。

「所有發生過的事，都是好事」，這就是我最基本的思考方式。

44 被愛不如愛人

想要為人所愛，再自然不過了。

但是，這也是自己無法控制的事情。

無論你多麼想要被對方所愛，對方也不一定會回應你的愛。

這個世界上，無法相親相愛的人太多了。

許多人因為自己的愛不被人接受，因為對方不愛自己而陷入痛苦。其中男女之愛，也就是「戀愛」這回事，會對一個人的人生產生重大的影響。

戀愛中那些擦肩而過的愛情，讓許多人黯然神傷。

「戀」字，上面是絲線纏繞，下面是一個心，從文字上來看，表達的是心緒剪不斷、理還亂的意思。

戀愛中的人會這樣說：「我的頭腦很清楚，但是感情上冷靜不下來。」

每次看到有朋友單相思，為戀愛煩惱，我一半的想法是覺得可憐，另一半則是羨慕。

喜歡一個人喜歡到心痛，這樣的感覺多棒啊。

這才是屬於人類的情感。如果這份感情變成兩情相悅，人就會感到滿足，擁有自信心而變得強大。

一加一不一定等於二，兩個人的力量加起來，可能會變成三甚至四。要是兩個人有了孩子，相當於人生做了乘法。

可是，也有許多戀愛無法雙向奔赴。

愛情上也會出現不平衡，比如變成單相思，或者因分手而失戀。

即便如此，我認為年輕人還是應該勇敢地談戀愛。

那種心動的感覺，心裡常常掛念對方，又心跳不止，實在太棒了。

沒有體會過心動的人生非常無聊。

所以，即便戀情不能修成正果，我還是建議大家要去戀愛。

最近據說，越來越多的年輕人不願意積極與異性交往了。

理由和藉口各式各樣，比如「沒有機會認識人」、「覺得好麻煩」、「不想傷害別人」、「現在這個時代，像我這樣的人怎麼談……」

首先，機會是自己創造和尋求的。如果平時就想著要多製造與異性相遇的機會，那麼行動自然而然會朝著這個方向走。

這樣一來，一定有人會接收到你的信號，於是美好的相遇就此開始。

如果你不敞開自己的心扉，就如同沒有開啟的燈泡，在一片黑暗之中，誰也感受不到你的存在。

因此，哪怕只是在心裡這樣想，想著自己要談戀愛，你的行動也會發生改變。

然後，你就會去注意身邊有沒有和自己同樣想法的人，或者有沒有誰可以給你介紹。這樣的話，機會一定會增加不少。

但是，如果你心裡總是想「談戀愛好麻煩」、「我就是不想談戀愛」，這就是問題所在。

人生要有趣，在於起起伏伏，有山峰、有低谷。平坦的人生很無趣，也許還會變無聊。

也許談戀愛確實麻煩，但你也能經歷難以置信的感動和激情。如果沒有體驗過，那會相當遺憾。

因此，哪怕會失敗，我也希望你選擇「麻煩」的人生。

有的人在談戀愛的時候，不想受傷，或者會感到害怕。

其實所有人都會害怕。因為喜歡一個人，會令自己置於弱勢。

一旦喜歡上對方，就會因為對方的一舉一動或悲或喜。

那種無力、焦灼的心情會令人難以忍耐。

但是，有這樣的體驗才是青春，才是人之所以為人。

這是一種美。

許多歌曲與詩歌，就是以戀愛心情為靈感創造的。

如果不去親身經歷就太浪費了。要是因為害怕受傷就逃避與異性約會，就遇不上紅線另一頭的那個人了。

另外，也有人是因為不自信，才會想：「現在這個時代，像我這樣的人怎麼談……」

我認為這種想法，在某種意義上來講，是因為不夠理解自身。有的人是高看了自己，而有的人則是看低自己。

世界上有許多寂寞的人。也有許多人和抱有這種想法的人一樣，沒有自信。

總有一天，你會和某個人在合適的時機相遇，互相找到契合的彼此。

我認為，最重要的是把自己的心門打開。

比起被愛，先去嘗試愛人。

從自己能夠控制、力所能及的地方開始，總有一天會開花結果。

就算沒有結果，愛過別人的經驗也會豐富你的人生。

不要過於懼怕愛別人，請選擇充滿感動的人生吧。

不要以被愛為目的去戀愛，而是為了愛別人而談戀愛。

第九章

致未來生命的 6 句箴言

現在是未來的開端，生命是一場永不終結的循環遊戲。

45. 每天都是生日：誰都不知何時迎來生命的終點，所以每天都要重視、慶祝當下這一刻 ｜ 46. 未來是我們從孩子那裡借來的 ｜ 47. 與人工智能共生 ｜ 48. 要思考留下些什麼 ｜ 49. 生命是接力，是不會終結的生命之輪 ｜ 50. 人類最大的力量是愛 ｜

45

每天都是生日：誰都不知何時迎來生命的終點，所以每天都要重視、慶祝當下這一刻

二〇〇零七年，我被診斷出患有乳腺癌。右胸處發現一個小疙瘩，查出來是惡性的，於是開始接受治療。當時我小兒子才十一歲。想到自己有可能看不到這孩子長大了，我十分心痛。

大兒子在上大學，二兒子則在上高中。我想，我總得活到見證

他們自立、結婚吧。

我每天那麼努力撫養他們長大，當然想看看成果如何。那應該是給予我努力的獎勵。

可是……竟然得了癌症！也許我會因為這個病死掉……

那時五十二歲的我，開始認真地思考自己的死亡。

幸好發現得及時，在早階段治療，才撿回一條性命。

手術後的五年時間裡，我都在接受治療。

雖然過程並不輕鬆，但也讓我切實感受到生命的重要性。

剛開始，因為藥物的副作用，我的情緒很低落。臉也變得浮腫，甚至無法工作，整張臉圓乎乎的。

這導致我笑容消失，有時覺得活著好痛苦。

某天，小兒子來到我這兒，我正躺在床上。

他說：「媽媽，給你講個笑話。」然後他手舞足蹈地，將書裡看來的笑話講給我聽。

他拚命地想逗我開心。看到三兒子這麼富有愛心，努力鼓勵媽媽的表情，我的眼淚奪眶而出，封閉起來的心扉再次敞開。

我邊哭邊大笑起來。那是發自心底的笑容。

這是多棒的事情啊！小兒子看到媽媽笑了，也非常開心。從那以後，每天晚上趁我睡覺前，他都會來給我講「今日笑話」。

慢慢地，我也適應了藥物的副作用，恢復了開朗的情緒。

我想，能活著真是太好了。

於是每天起床，我都告訴自己：「今天感覺不錯，感恩。」「今天沒有感覺痛，太好了。」「今天我又活了一天，感謝。」

由此，產生了我最喜歡的一句話。

那就是「每天都是生日」。

是的，每天都是嶄新生活的一天，都適合慶祝。

我認為每天都要像對待生日一樣，有感謝之心、喜悅之情，都是值得慶祝的日子。

正是因為我重視活著的每一天，所以才撿回了這條命。

因此，每天起床前，我都會小聲地對自己唱生日歌：「祝我生日快樂。」

我在心中默念：「今天也讓我活下來了，謝謝。」

託福，我的兒子們後來也都大學畢業，開始工作，個個獨立了。

大兒子結了婚，之前剛誕生我們家第一個孫輩。

我真是感激不盡。

可是，隨年月輪轉，人很容易忘記生存不易這件事。

我仍會因為芝麻綠豆的小事苦惱，一忙起來，也想喊累、喊苦。碰到這種時候，我會再次講給自己聽：「今天是我的生日哦。」我會重新想起這兩句話：「不要在意小事！」「能活著就要感恩！」

轉眼間，現在我已經過了六十五歲，沒想到自己能活這麼久。之後還能活幾年呢？我能見證二兒子和三兒子結婚嗎？有時猛然想到，長久以來對於我育兒的獎勵要來了嗎？可是，這樣的思考方式是錯誤的。

育兒這件事，每天都在給我獎勵。和孩子們在一起的每一天，都是獎品。

我不期望得到什麼成果，只要能和自己的孩子一起呼吸、看同一片天空，共同享受時光，這樣的獎賞足矣。

比起未來，更重要的是珍惜現在。

「每天都是生日」不只是對自己說的，對身邊每個人來說，他們每天也都迎來「每天的生日」。

不斷對自我生命的讚美、祝福，也是對所有生命致以敬意。

這樣去思考，我每天都活得燦爛無比。

艷陽高照，鮮花綻放，和風徐徐，雪花飄舞。

無論什麼樣的日子都是好日子，都值得感謝和祝福。

46 未來是我們從孩子那裡借來的

「未來是我們從孩子那裡借來的」。這是印在聯合國兒童基金會紐約本部大門上的一句話，我覺得這句話說得非常好。

現在和未來都是生活的時間。

活在現在的是我們，活在未來的是孩子們。

讓這些時間變好還是變壞，也都取決於我們。

如果說絕不能破壞別人的東西，那麼守護未來就是我們的責任。

全球氣候暖化問題日益嚴重的今天，給孩子們留下一個適宜居住的地球環境，就是我們最大的課題。

至少也應該像現在這樣，保持暫且能夠居住的狀態。

人們認為二十世紀是「火的世紀」，擁有並操縱大量資源的國家變得繁榮，成為大國。

而二十一世紀，人們認為是「水的世紀」。據稱，淡水資源豐富的國家才能存活下來，水資源不足的國家將會毀滅。

聯合國兒童基金會探訪的非洲各國掀起內戰，其中一個原因就是為了爭奪水資源。

在非洲大陸上，北邊的撒哈拉沙漠和中部的草原地帶之間，有一塊「薩赫勒地區」。

這個薩赫勒地區橫跨了好幾個國家的國土。這些國家之間，由伊斯蘭激進組織牽頭發生了內戰。

例如尼日爾、布基納法索、馬里、尼日利亞、蘇丹，現在還都處於內戰狀態。

薩赫勒地區變成了伊斯蘭激進組織的訓練場，大多數內戰從這些國家的北邊發端。

非洲的這些國家當中，我曾到過尼日爾、尼日利亞、布基納法索和蘇丹。

實際到了當地，我更加理解為什麼那裡會發生內戰了。

隨著全球氣候暖化，令極端氣候頻仍。降雨的地方雨量太大，變成洪水；降雨少的地方則是長時間一滴雨都不下，極度乾旱。

薩赫勒地區就屬於幾乎不下雨的地方。

半農半牧的生活得不到保證，於是人們採取最後手段，開始爭奪土地。

拿布基納法索舉個例子，我是二〇〇九年去的。

聯合國兒童基金會希望我們視察一下氣候暖化對當地產生的影

響，於是我們一行人決定由南至北移動，了解情況。

南部區域還有降雨，能看見植被。因橄欖油而出名的布基納法索，種植著鬱鬱蔥蔥的橄欖樹，孩子們在樹下愉快地玩耍。

工作人員說：「一起去拜訪一下從中部搬來的人吧。」然後我們探訪了一個家庭。

家裡的大家長說：「中部地區以前每年有四個月會下雨，但後來都沒怎麼下過，我們實在沒東西吃，就來了南方。幸好遇到了善良的地主租給我們土地，我又娶到了一個老婆，現在全家過得很幸福。」

可是，地主家的兒子們卻對這種狀況滿腹牢騷：

「等到我們結婚，自己需要土地的時候，可能就沒有了。所以我們很討厭這些為了換環境搬來的移民。」

在布基納法索，孩子們聚集在原本是湖的乾地上尋找水源。

地方的官員預言道：「現在這種狀況就像是埋下了一個定時炸彈。移民越來越多，本地居民也越來越不滿，早晚會起紛爭。」

接著，我們去到中部地區，發現那裡樹木稀少，只有猴麵包樹活了下來。

我們拜訪了一些村子，村民們表示：「這裡已經幾乎不下雨了。哪怕下雨，時間上也沒什麼規律，根本幹不了農業。」

我們又讓村民再詳細地解釋一下，他們說：「今年六月千呼萬喚，好不容易下雨了，我們急忙總動員，把所有種子都種下了。結果沒下多久，雨就停了，莊稼全都毀了。」

他們還說：「今年我們賣掉了最後一頭牛，勉強過得下去，可是明年肯定得挨餓。」

隨後，我們繼續北上，發現沙漠化越來越明顯。

走在沙地上的時候，當地人跟我們說：「現在我們走路的位置下面是有房子的。」我聽完吃了一驚。

接下去聽了一家遊牧民族講述情況。他們說：「家裡的牛全都死了。不下雨的話，什麼都幹不了。一定是我們平時的品行不夠好，所以上天要懲罰我們。」

這些慘劇都是上天的惡作劇嗎？還是說，發達國家的生活方式是主要原因？

不出所料，布基納法索當時正處於內戰中。

其他國家的北部地區，也是以遊牧民、伊斯蘭教居民較多。當地人進一步解釋道：「如果一直不下雨，我們就無法農業和遊牧。大家沒東西吃，治安變得越來越差。互相搶掠、外出打工等現象也很普遍。其間開始發生大饑荒，這時候如果政府援助不到位，就會發生暴動。於是，伊斯蘭激進組織開始展開遊說，進一步武裝化，內戰就爆發了。」

以同樣緣由爆發內戰的國家，還有尼日利亞、中非共和國和蘇丹等。

尼日利亞北部有一個叫作博科聖地（Boko Haram）的激進組織，他們會綁架女性，經常開展恐怖活動。

在我訪問中非共和國的時候，有當地人跟我說：「本來我們的生活一直很和平，但是自從北部的武裝伊斯蘭人南下之後，一直在殺基督教居民。燒殺搶掠，綁架男女，紛爭不斷。」

基督教居民為了反抗，燒光了伊斯蘭教的村子。全國陷入一片混亂，戰爭看不到有平息的跡象。聽完兩方的說法，瞭解到兩邊都發生了許多悲劇。實際上這些亂象都和氣候暖化有關係，可一旦人們起了紛爭，這一點就被遺忘了。降雨量稀少，是造成日常生活失常的最大原因。

戰爭如果打響，最大的犧牲品就是孩子們。別說未來如何了，已經有非常多的孩子正在受苦受難。

是我們這些大人剝奪了他們的未來。

我認為出台氣候暖化對策是當務之急。

趁還有挽回的餘地，必須把未來還給每一個孩子。

47 與人工智能共生

有一次，我和家人計劃去吃鰻魚，於是給店家打電話預約。結果接電話的不是人，而是人工智能語音。只聽到對面傳來：「本店現在沒有空位，可以給您安排到附近的分店嗎？」

當我回答「好的」之後，人工智能語音回覆「瞭解了，那麼……」隨後會話順利繼續下去，簡直就像和正常人說話一樣，很簡單就預約好了。

以前的語音接待電話，都是根據語音提示按鍵來操作的。而這次全都是人聲，所以我們不慌不忙就預約完成了，令我深刻感受到人工智能的技術提高了不少。

日本隨著高齡化，人手不足，我想以後依賴人工智能和機器人的狀態將越來越普遍。

比起讓客人長時間等待，使用機械能更有效率、更早完成工作。之前我去定期複診乳腺癌狀況的時候，醫生說：「以後醫療現場會越來越依賴人工智能。」

他繼續解釋：「由於藥品種類激增，我們在為患者選配適合的藥物時，需要進行大量的數據分析。而人工智能可以幫我們快速分析完成，所以我現在已經開始運用了。」

這位醫生力讚人工智能：「有些手術由人工智能來做還更準確。我們開始能夠提供質量更好的醫療服務了。」

如今，醫療現場已經來到個性化的時代，需要根據不同患者，配置最適合的治療手段和用藥方法。因此，我覺得人工智能變得更加有必要了。

我的兒子是一名人工智能專家。

他說：「我們現在就用人工智能來編程。先由人工智能創建基礎程序，我們再進行微調。現階段還是比較容易發生錯誤的，但我覺得在未來，人工智能會變得越來越可靠。」

他的預測很樂觀：「因為人工智能會不斷學習，這樣我們的工作也會變得越發輕鬆。用不了多少時間，我們就能創造出更多的發明。」

近來，ChatGPT 成為熱門話題。ChatGPT 和 Google 不同，只要你提一個問題，它就會收集相關情報給出回答。

許多學校為了防止學生使用 ChatGPT 來做作業，在校內禁止使用 ChatGPT。

為了對抗 ChatGPT，其他 IT 公司也開始開發各種人工智能產品。

我想今後人工智能一定會加速發展。

還有幾家 IT 公司巨頭出於擔心，寫下希望停止人工智能開發的文書。

阻止得了嗎？

技術的發展在近十年間不是做加法，而是以做乘法的速度不斷前進。

人工智能已經進入我們生活的各個角落。

我大兒子住在美國，他家裡的設備可以用智能手機聲控。

「放那個樂隊的音樂」、「和我一起玩遊戲」、「溫度調到〇〇度」、「〇點叫我起床」、「打開電視」、「打電話給〇〇」、「打開安保系統」、「幫我點餐」、「關掉電燈」、「讓乾洗店的人來取一下衣服」——像這樣，只用人聲就能做到許多事情。

哪怕遇上停電，由於這個人工智能系統常年充電，家裡暫時還能繼續運作一段時間。

我聽說了之後，對大兒子感歎「人工智能好聰明」。他跟我說：「這是普通水平。」

不用電腦或手機，只要人說一聲，人工智能就會以語音回答。簡直就像有另外一個人和自己一起住一樣，雖然有點詭異，但確實很方便。

我最近去的餐館，桌子上貼著二維碼。只要掃一掃，菜單就會出現在手機裡。顧客只要在手機上下單，就會有機器人把食物運過來。

我去某家超市，加入超市會員的朋友選完東西，不用到收銀台結賬，就可以直接走出店門。因為買下的物品全都被記錄下來，價格明細和發票會發到手機上。

我們確實已經在與人工智能共同生活了。

等我老了以後，也想住在兒子們現在住的那種智能房屋裡，讓人工智能來照顧我。

可以的話，老後照護、聊天對象也都拜託人工智能好了。我不想麻煩年輕人。

只要有一輛自動駕駛的汽車，就可以自由地想去哪裡去哪裡。未來一片美好。

說不定人工智能還能幫我寫歌、編輯文書，在工作方面幫到我。

我不會拒絕人工智能，十分期待它給人類帶來的可能性。

我有朋友卻覺得害怕：「我們馬上要被人工智能控制了。」我們無法阻止時間流逝。我也認為，我們無法讓人工智能的開發進程停下來。

我的兒子們說：「其實人工智能只是一種好用的工具。」不管怎樣，現在的狀況我們已經無法掌控了。

正如兒子們所說的，如果人工智能只是工具，那麼我們就應該盡早熟練運用它。

重要的是我們要保留自己的「人性」。

人類勝過人工智能的方面，包括情感、愚笨、想像力、預料之外的創意、愛情、悲傷、喜悅。

只有人類才擁有的笑與淚，數據絕對無法表現或計算出來。

保持這樣的人類本質，是在人工智能時代生存下來的第一要事。

48

要思考留下些什麼

我認為人生中，每個人都會有所收穫。

有的人建了房子，有的人努力工作，把孩子撫養長大。

有的人積累財富之後留給孩子。

但是，也有人說：「我靠退休金生活，沒什麼錢，所以沒什麼能留下來的。」

我覺得這種想法是不對的。

每個人一定都能留給後世一些東西。

自己從小聽到的格言、故事，一度被忘卻的童謠，媽媽的味道，等等。

這些東西全都有價值。

它們會在什麼時候撫慰誰的心？會在何處給予誰勇氣？我們可能並不清楚。

但我覺得，應該把自己一直重視的東西留下來。

我有一個朋友一直在寫食譜。

她說要把食譜留給女兒們。

還有一個朋友堅持給孫輩寫信。

她說等孫輩長大，自己不在人世之後，再讓他們讀一讀。

我是歌手，有歌曲留給大家。

而且作為一名作家，可以留下自己的作品給讀者。

這些對我來說都是值得慶幸的事。

從偶像時代的青春歌曲開始，到如今成熟的情歌、有寓意的歌，我唱過各種各樣的歌。如果它們能安慰某個人的心靈，我會很開心。

作為作家，我寫了許多關於育兒、教育的書。如果這些書可以減輕年輕家長的育兒煩惱，那我就滿足了。

其他還有食譜、隨筆。如果我能把自己所感受到的、所知道的，都傳達給下一輩，於我來說就是無悔的人生。

但是，我想留下來的不僅是物質或技術。

我私下正在給兒子們製作每人一個「驚喜箱」。

我準備了三個漂亮的大箱子。

上面寫了三個兒子的名字，箱子裡面放著每個兒子的回憶物品。

第一顆拔掉的牙齒，第一次剪下來的頭髮，剛出生時的照片……

還有我們一起旅行時用過的車票，經常光顧的書店的折扣券。

還放了兒子們曾經最愛的小玩具車，等等。

我也把他們小學時期的名冊、畢業照片放進各自的箱子裡。

等我離世之後，他們就可以津津有味地翻看箱子裡的東西。

我想為他們留下最棒的回憶。如果能在孩子們心中留下美好的回憶，那麼當他們遇到挫折，感到寂寞的時候，這些溫暖記憶就能拯救他們。

我自己在人生比較辛苦的階段，會回想起父親說過的話，回憶起我和父親一起吃雪糕的往事。隨後，心裡如同流淌過一陣暖流，生出勇氣。

我希望就算我不在人世，也可以給孩子們力量，成為他們的特別存在。

我在得知自己罹患乳腺癌，因為不清楚能不能治好而忐忑不安的時候，給孩子們寫了一首歌。

歌名叫《不會讓你孤單一人》。

我不會讓你孤單一人，哪怕我不在你身邊
我也會在某個地方一直守護著你
我不會讓你孤單一人，因為我已在你心裡撒下了無數愛的種子
不要哭泣，不要悲傷，相信自己
永遠不要讓眼裡的光芒暗淡下來
側耳傾聽，一定能聽見為你響起的旋律
在雲之彼端，一顆看不見的星星
今夜也照亮著你

我在寫歌詞的時候，胸中滿溢出對兒子們的愛，哭了好幾次。

我想留給他們母愛，那份永不消失的關愛。

希望他們把我的愛當作盾牌和精神食糧，勇敢幸福地向自己的人生前進。

你想給誰留下什麼？可以試著想一想這個問題。你的心中會感到一陣激動，自己的人生也會像走馬燈一樣，在眼前重新上演。

那時候，你一定會發現，這次人生並不是沒有意義的。

49

生命是接力，是不會終結的生命之輪

人為什麼會死？反正會死，為什麼要誕生於世呢？這是一個永恆之謎，許多宗教和哲學家都不能給出令所有人滿意的答案。

你也可以感歎：「正是因為生命有終點、有期限，所以它才這麼美！」然後逃避人生。

但是，仍然存在很多疑問：「死後會怎樣？」「什麼都沒有了嗎？」「有天國嗎？」「也有地獄嗎？」

我信奉基督教，相信存在死後的世界。

上帝正在等著我們。我只要努力根據教誨來生活，死後就能去往上帝所在之處，獲得永生。

成人之後，我有時也會對這個教誨產生懷疑。

但我想，選擇相信的話，更能無所迷茫地活下去。

我不是說因為前方有天國等著我，才做好事的。而是因為那些教誨非常棒，我想，遵循它們活著是正確的。即使沒有天國和地獄，我想我也能過上無悔的人生。

從這層意義上說，我並不太恐懼「死亡」這件事。

但是，向不信教的人解釋「死亡」的時候，怎麼做更好呢？

比如癌症晚期的朋友，或者朋友最愛的人因病或因事故身亡。

尤其是面對孩子，談論「死亡」更是難上加難。

關於「死與生」，有一次我參加了某個活動，收穫了令我全然接受的答案。

這個活動叫「為生命接力」（Relay For Life）。

這是在美國展開的抗癌活動。

一位醫生為了籌集幫助患者的資金，一個人完成了二十四小時的慈善馬拉松。

人們看到這位醫生那麼偉大，為之感動，雖然無法像他一樣每個人都跑完二十四小時，但是大家也都斜掛肩帶，跑起步來，開始加入抗癌運動中。

從一九七〇年代起步的這項活動，全美每年會舉辦五千次以上，籌集的捐款用於支持患者治療、開發新藥，財盡其用。

日本從二〇〇六年開始也舉行了這個活動。我是先在電視上瞭解過一下，第二年便到現場為大家加油。

就在那一年，我也被診斷出罹患乳腺癌，成了一名癌症病友。康復過來之後，我積極參加「為生命接力」活動，致力把它推廣到全日本。和我一起參與活動的夥伴中，每年都有人因癌症復發等原因去世。

但是，我們沒有忘記他們，而是繼續把活動舉辦下去。他們雖然已不在人世，但是他們的精神會繼續活躍在我們的活動中。

也就是說，肉體消散，但靈魂永在。

肉身歸於塵土，成為大地的養分，培育植物；動物們吃了植物之後，兜兜轉轉，總有一天會成為人身體的一部分。

存在於這世間的事物，即便形態有所變化，卻不會真正消失。也就是說，生命是接力，在不會終結的輪迴裡旋轉。

每次開音樂會之前，我一定會在登台前朗讀自己寫的詩歌。

「歌是風，音是神，愛是和平，和平是自由。我是你，你是大家，明天是希望，希望是夢想，夢想是歌，歌是風……所謂生命，是沒有終點的愛之歌。」

這樣想著，超越有形之物，超越時間、空間，有一種把世間一切都串聯起來的感覺。

在我的歌曲裡，寄託著某個人的思念。在我的身體裡，無數永不消散的生命與我共存。

所以，既然掛上了接力的肩帶，我就要全力以赴，開心地盡力跑得久一點。

而且要盡量保持漂漂亮亮的，這樣也能讓下一位跑者高高興興地出發。

哪怕有一天，「陳美齡」不在人世了，只要後輩們不會忘記我，我就能一直活在他們的心中。

即便「陳美齡」去世了，只要有人還在唱我的歌，通過這個人，我就不算離開世間。

當然了，通過我自己的孩子、我的學生們，我也能一直活下去。

肉身只是細胞的集合。細胞集合起來，長成人類的「我」。

偶然形成於世的「我」這個生物，選擇以什麼樣的方式度過人生，決定了會給周遭和地球帶來什麼樣的影響。

既然如此，我想留給世界好的影響，留給後輩們更好的環境。

好不容易在這個世界上「出道」，我認為要最大限度地運用自己天生的能力，這樣活著才會快樂。

想要不浪費人生，我覺得最好的辦法還是珍惜每一天。

如果說人生是接力賽，那麼有些選手面前的道路可能是平坦的，而有些人卻會遇到上坡路。

如何走好分配給自己的路段，在哪裡加速，全看自己。

為了團隊，好好思考自己能夠發揮的作用再行動，相信自己、不要放棄，要跑一場自己不會後悔的接力賽。

人生來到最後階段，也許跑步速度會變慢。但是我想，還是要在把接力布帶交到下一位選手之前，踏實地跑好腳下的每一步。

50

人類最大的力量是愛

我認為，人類最大的力量是「愛」的能力。

愛別人這件事，從嬰兒到老人，誰都可以做到。

身體殘障、體弱多病的人也好，有錢或沒有錢也好，高學歷或沒上過學也好……都是如此。

每個人生來就擁有愛別人的能力。

這股力量任何人都無法剝奪。

而是否要去使用這股力量，全由自己決定。

而且，愛別人的力量無窮無盡，會不斷湧現。越是去使用這股力量，人變得越強大。

通過關心別人，自己也能收穫良多，充實人生。

我在聯合國兒童基金會的活動上，會和許多工作人員見面。無私地從事義工活動的人們，看上去都那麼美麗、堅實，閃閃發光。

聯合國兒童基金會通常會僱用當地的女性來做義工。這樣做是為了給當地女性賦能，讓她們擁有人生目標，成為照顧別人的一方參加活動。

這麼一來，當她們感受到靠自己的力量就能幫助到別人的時候，她們自己會變得堅強，也令整個村子充滿活力。

我在危地馬拉時，曾被參加活動的當地女性深深感動。

危地馬拉在中南美洲地區的所有國家當中，兒童發育遲緩的問題最為嚴重。

危地馬拉的女性們積極參與當地義工活動，大家都笑容滿面。

由於貧困和教育資源不足，兒童和成人都患有慢性營養不足。

聯合國兒童基金會集結當地女性，訓練她們。

這些女性組成一個個小組，邀請村子裡的其他女性每週來參加活動。

我也參加了其中一次活動。活動上，帶著孩子的母親們傾聽著女性義工的演說。

內容是關於基本的營養知識，雖然有點難度，但是大家都聽得很認真。

義工們手舞足蹈地講解營養相關知識，還時不時唱個歌，講個笑話。

授課結束後，居然玩起了遊戲！

她們玩的是賓果遊戲。

擺出一排數字，猜中的人能得到獎品。雖然只是掃帚、肥皂等小獎品，但大家都樂在其中。

不過，猜中數字的人要接受提問。問題就是剛才教給大家的營養知識。如果答錯了，就不能拿獎品。

大家都想要獎品，也不想因為答不出來而丟人，所以上課時都十分認真聽講。

遊戲結束後，其他小組的義工利用當地食材，開設了料理教室。

他們教大家簡單又有營養的食譜，完成後開始品嚐。

我去的那天，菜式是蘋果沙律。

危地馬拉盛產蘋果，可以以很便宜的價格買到。

聯合國兒童基金會還為低於標準體重的兒童配發營養餐。在這個活動上，當地母親對於營養知識也瞭解得更加詳細了。

有位女性義工對我說：「我通過參加這個活動，能夠為別人而工作，每天都很開心。像這樣關心別人，收穫了來自那麼多人的愛。我覺得很幸福。」

讓我們也運用自己最大的力量，關心、愛護他人，擁有幸福的人生吧。

這件事從現在開始也不晚。

這股力量運用多少，由自己決定。
如果不去使用，愛別人的力量就會變弱。
請盡情使用，成就美麗閃耀的自己吧。
今後，你一定會顯現出最佳狀態。
用愛的力量擁有無敵的堅強。
用愛的力量度過充實、無悔的人生。